LA FILLE MAL ÉLEVÉE,

COMÉDIE-VAUDEVILLE EN DEUX ACTES,

Par MM. D'Epagny et A. Decomberousse;

REPRÉSENTÉE POUR LA PREMIÈRE FOIS, A PARIS, SUR LE THÉATRE DU GYMNASE-DRAMATIQUE, LE 21 JUILLET 1835.

PERSONNAGES.	ACTEURS.	PERSONNAGES.	ACTEURS.
MADAME DE PRANGEY.	Mme JULIENNE.	ERNEST DE CHATENOY.	M. PAUL.
LÉONIE, sa fille.	Mlle E. FORGEOT.	ANNETTE, femme de chambre de madame de Prangey.	Mme MONVAL.
FANNY, sa nièce.	Mlle E. SAUVAGE.	BERTRAND, domestique de Desormes.	M. MILET.
DESORMES, oncle des deux jeunes filles.	M. FERVILLE.	LE PORTIER.	M. BORDIER.
RAYMOND, ami de Desormes.	M. ST-AUBIN.	DOMESTIQUES. UNE FEMME DE CHARGE.	

La scène se passe à Paris, dans la maison de M. Desormes.

S'adresser pour la musique de cette pièce, et pour celle de tous les ouvrages qui composent le répertoire du Gymnase-Dramatique, à M. HEISSER, bibliothécaire et copiste, au théâtre; ou à M. FERVILLE, correspondant des spectacles, rue Poissonnière, n° 33.

ACTE PREMIER.

Le théâtre représente un petit salon : porte au fond, et porte à chaque angle de l'appartement; la porte de l'angle à droite de l'acteur est celle de la chambre de Léonie; celle de l'angle opposé est la porte de la chambre de madame de Prangey. Sur le premier plan, à droite, la porte de la chambre de Fanny; sur le plan opposé, à gauche, une grande fenêtre; auprès de la fenêtre, un canapé. Entre la porte du fond et celle de l'angle à droite, un chevalet chargé d'un grand tableau, que couvre une toile verte.

SCÈNE PREMIÈRE.

RAYMOND, DESORMES*.

(Au lever du rideau ils sont assis à une table placée auprès de la chambre de Fanny et achèvent une partie de dames.)

DESORMES. Vous n'en gagnerez pas une ce soir, mon cher Raymond.

* Les acteurs sont placés en tête de chaque scène, comme ils doivent l'être sur le théâtre ; le premier inscrit tient toujours en scène la gauche du spectateur, et ainsi de suite. Les changemens de position dans le courant des scènes sont indiqués par des notes au bas des pages.

RAYMOND. C'est vrai, vous êtes mon maître, monsieur Desormes.

DESORMES. Allons donc, je suis une mazette, auprès de vous, officier de génie distingué... habitué aux calculs mathématiques..... c'est que vous avez la tête ailleurs... peut-être êtes-vous amoureux?

RAYMOND. Moi!

DESORMES. Quand cela serait..... il n'y aurait pas grand mal. Vous me direz que je ne me suis pas marié, moi... c'est vrai; mais je suis venu m'établir ici, avec ma sœur, madame de Prangey, et mes nièces...

eh bien, depuis que j'ai pris ce parti-là, je suis le plus heureux des hommes.

RAYMOND. Je le crois bien.

DESORMES. Parbleu! il en serait de même pour vous dont les goûts sont casaniers..... j'en sais quelque chose, moi..... depuis deux ans que vous êtes mon locataire, et que vous vous dévouez à faire de la politique ou quelques parties de dames avec le vieil ami de votre père.

RAYMOND. Je vous assure que je me dévoue d'un très-grand plaisir.

DESORMES. Eh bien! justement; si vous vous arrangez de mon tête-à-tête..... que serait-ce donc de celui d'un jeune et frais visage?... et si la jeune personne avait reçu une bonne éducation...

RAYMOND. Oui, mon cher Desormes... si l'on pouvait savoir d'abord ce qu'on entend par une bonne éducation..... mais celle qu'on donne aux jeunes filles, le plus souvent ne change ni ne modifie leur caractère... elle l'efface.

DESORMES. Ah! ah!..... ceci m'a tout l'air d'une épigramme contre ma nièce Léonie.

RAYMOND. Quelle mauvaise idée vous avez de moi.

DESORMES. Oui, oui... je sais que Léonie, malgré sa retenue et sa modestie, vous semble affectée et un peu prude..... vous ne lui pardonnez pas le pensionnat célèbre où elle a été élevée...(Jouant.) Je suis à dame.

RAYMOND. C'est vrai.

DESORMES. Ah! vous en convenez.

RAYMOND. Je conviens que vous êtes à dame... j'avouerai encore, si vous le voulez, que les soins d'une mère sont de beaucoup préférables à ceux de l'institutrice la plus distinguée.

DESORMES. Et moi, je soutiens qu'une femme qui a consacré sa vie à l'éducation doit s'entendre beaucoup mieux qu'une autre...

RAYMOND, l'interrompant. A faire disparaître sous un vernis uniforme tous les défauts, et même les qualités.

Air du Piége.

Voyez cet essaim de beautés,
Dont le regard plein de sagesse,
Soudain à vos yeux enchantés
Se baisse avec tant de vitesse...
Jamais dans aucun régiment
La consigne n'eût tant de charmes;
Là tout sourit, rougit, comprend,
Comme au signal de : Portez armes.

DESORMES. Eh! qu'importe si le régiment remplit bien ses devoirs.

RAYMOND. Tout ce que vous voudrez... pour ma part, je redouterai toujours moins un défaut bien visible que la plus légère imperfection cachée.

DESORMES. Et pourtant mon autre nièce, cette étourdie de Fanny qui vous laisse voir tous ses défauts en cinq minutes, vous plaît encore moins que sa cousine.

RAYMOND, vivement. Qui vous a dit cela?... Mademoiselle Fanny certainement mérite bien que...

DESORMES. Oui, oui, mérite bien qu'on trouve jolie sa petite mine espiègle... mais c'est tout... (Jouant.) Ah! je vous souffle.

RAYMOND, se remettant vivement à son jeu, et poussant une dame. Oh!...

DESORMES. Comme cela, j'en prends deux... vous n'y êtes plus du tout, mon ami.

RAYMOND. C'est que vous me supposez des idées si bizarres...

DESORMES. Ah! je donnerais bien des choses pour que Fanny eût été élevée comme Léonie... elle est d'une légèreté, d'une inconséquence... pauvre petite! ce n'est pas sa faute... élevée au fond d'une campagne, par sa bonne femme de mère qui n'avait d'autre mérite que de rendre son mari heureux...

RAYMOND. Eh! mais, c'est bien déjà quelque chose.

DESORMES. Je ne dis pas non... mais enfin entre ses mains sa fille est restée telle que la nature l'a faite.

RAYMOND, vivement. Et c'est très-bien.

DESORMES, arrêtant le bras de Raymond. Non...

RAYMOND. Comment, non?

DESORMES. Non..... je veux dire que vous jouez ma dame au lieu de la vôtre... Tandis que Léonie, avec sa fortune, son éducation...

RAYMOND. Je ne trouve pas que mademoiselle Fanny ait rien à lui envier.

DESORMES. Allons, vous n'êtes pas franc... vous croyez que je cherche à marier mes nièces, et comme vous ne voulez ni l'une ni l'autre... vous faites semblant de voir des défauts à celle qui vous conviendrait, et de trouver parfaite celle qu'on ne peut vous offrir.

RAYMOND. Je vous assure, Desormes, que vous ne m'avez jamais plus mal compris, et je voudrais être assez heureux pour que mademoiselle Fanny...

DESORMES. Bah! bah!... vous la reprenez toujours, et la grondez sans cesse.

RAYMOND. Cela prouverait-il qu'elle ne m'intéresse pas?

DESORMES. Laissez donc.

SCÈNE II.

Les Mêmes, ANNETTE.

DESORMES, *se retournant*. Eh bien !..... qu'est-ce que c'est, Annette ?... ces dames reviennent-elles du bal ?... (*Il regarde à sa montre.*) Minuit moins cinq minutes.

ANNETTE. Eh ! non, monsieur, pas encore... c'est une chose importante que je voudrais dire à monsieur.

DESORMES. Eh bien, quoi ?

RAYMOND. Suis-je de trop ?

ANNETTE. Non, monsieur... il ne peut pas y avoir trop d'hommes dans l'hôtel, avec les dangers que nous courons.

DESORMES. Nous courons des dangers ?

ANNETTE. Je crois bien... quand on habite une maison isolée comme la nôtre, au bout du monde, rue de Courcelles.

DESORMES. Qu'est-ce que cela veut dire ?

ANNETTE. Cela veut dire, monsieur, que nous avons bien peur tous à la maison ce soir.

DESORMES. Peur de quoi ?

ANNETTE. Monsieur ne sait donc pas ce qui s'est passé dans la ruelle voisine, il y a quelques jours ?

DESORMES, *riant*. Quoi !... parce qu'on a déménagé une maison la semaine dernière ?... (peut-être un pauvre diable qui avait envie de déménager sans l'agrément de son propriétaire) vous n'allez plus rêver que pillage... incendie ?...

ANNETTE. Monsieur..... cette nuit encore, plusieurs personnes ont cru entendre des voleurs..... et pendant toute la journée... Bertrand vous le dira comme moi.

AIR : *Adieu je vous fuis bois charmant.*
D' mon esprit je n'puis les chasser ;
J'ai vu... ce n'est pas des folies,
Devant notre porte passer
Trente affreuses physionomies.

DESORMES.
Ton jugement est un peu dur.

ANNETTE.
Non, c'est le mot, épouvantables.

DESORMES.
Ceux qui les portent, j'en suis sûr,
Les trouvent des plus agréables.

ANNETTE. Monsieur, si vous vouliez.... Bertrand a offert de veiller pour nous rassurer tous.

DESORMES. Eh bien ! mon enfant, qu'il veille, si cela l'amuse.

ANNETTE. Oui.... mais il voudrait veiller... avec quelque chose.

DESORMES. Comment ? avec du vin, n'est-ce pas ?

ANNETTE. Non....... quelque chose..... comme..... un fusil par exemple..... et il m'envoie demander à monsieur la permission de prendre le sien.

DESORMES. Qu'il le prenne..... qu'il le prenne... quand ça ne servirait qu'à vous tranquilliser..... Mais recommande-lui de ne pas commettre d'imprudence.

ANNETTE. Oh ! soyez tranquille... merci, monsieur ; toute la maison va être bien contente... Ah ! voici ces dames.

SCÈNE III.

Les Mêmes, LÉONIE, FANNY ; puis MADAME DE PRANGEY

(En entrant Fanny et Léonie se débarrassent de leurs schalls qu'elles donnent à Annette.

DESORMES, *à Léonie*. Eh bien ! s'est-on bien amusé ?... le bal était-il beau ?

FANNY. Oh ! je vous en réponds... c'était délicieux... figurez-vous des salons magnifiques..... des toilettes..... oh ! mon Dieu ! les jolies toilettes ! et un orchestre !... Musard et Dufresne, rien que cela..... c'était entraînant !

DESORMES. Et tu t'es laissée entraîner.

FANNY. Oh ! je n'en avais pas besoin ; j'aime tant la danse... je sauterais au son d'une musette, moi....... Mais ça ne gâte rien... si vous saviez, les drôles de figures que se font certains jeunes gens !..... des coiffures !... des barbes surtout !...

LÉONIE. Que tu es bizarre, ma chère !... dès que c'est la mode.

FANNY. Oh ! c'est toujours ce que tu me réponds quand je trouve quelque chose de ridicule..... C'est égal, j'en ai bien ri..... Dieu ! que j'en ai ri !..... mais pas devant eux.... oh ! non, en cachette.... avec deux ou trois de mes danseurs seulement... enfin, jamais je n'ai vu un plus joli bal..... il ne manquait que vous, mon oncle.

DESORMES. Pour te gronder... as-tu été bien étourdie ?

FANNY, *embrassant son oncle, et tout bas.* Peut-être bien... le moins que j'ai pu toujours.

DESORMES. Elle est naïve au moins..... (*Saluant de la main Mme de Prangey qui entre.*) Ma sœur.

MADAME DE PRANGEY. Bonsoir, mon frère... monsieur Raymond, je vous salue.

RAYMOND. Madame... mesdemoiselles.

(Léonie fait une révérence cérémonieuse.)

FANNY, *à Raymond*.* Comment? vous êtes ici, monsieur !....... je gage que vous n'en avez pas bougé de la soirée.

MADAME DE PRANGEY. Quand cela serait, Fanny, que vous importe?

FANNY. Mais il m'importe que les messieurs viennent au bal... j'aurais dansé une contredanse de plus, peut-être.

RAYMOND. Assurément, mademoiselle, vous avez dû vous trouver entourée de trop d'hommages pour avoir remarqué mon absence.

FANNY. Eh bien! c'est justement ce qui vous trompe.... j'avais compté sur ce bal pour vous apprendre la galope.

RAYMOND. Oh! combien je suis fâché... Certes, si j'avais pu soupçonner une si bonne intention...

MADAME DE PRANGEY. Comment l'auriez-vous pu, monsieur?... comment prêter une idée si déplacée à une jeune personne?

LÉONIE. C'est vrai.... tu dis tout ce que tu penses.

FANNY. Dam! que veux-tu... je ne peux pas m'en déshabituer.

(En ce moment Désormes passe auprès de Léonie.)

MADAME DE PRANGEY. Vous ne prendrez donc jamais des manières plus convenables?... Voyez Léonie, votre cousine.

FANNY. Oh! Léonie..... je voudrais bien ressembler à Léonie....... mais ça n'est pas facile..... elle est parfaite, elle; et je sens bien que je ne le serai jamais.

RAYMOND, *à M*^{me} *de Prangey*. Je vous en prie, madame, ne grondez pas Mlle Fanny à cause de moi.

(*Desormes repasse à droite du théâtre auprès de Raymond.***)

MADAME DE PRANGEY. Oh! mais c'est que vous ne savez pas comme elle s'est conduite pendant toute la soirée.

DESORMES. Fanny!.... qu'a-t-elle donc fait?

MADAME DE PRANGEY. Toutes sortes de folies !..... elle parlait aux cavaliers avec une légèreté, une inconvenance... et quelquefois à ceux qui ne lui adressaient pas la parole.

FANNY. C'est que c'est si ennuyeux d'être à côté d'un danseur qui ne dit rien..... ou quelquefois moins que rien.

* Raymond, Fanny, Desormes, Mme de Prangey, Léonie, Annette.
** Desormes, Raymond, Fanny, Mme de Prangey, Léonie, Annette *au fond*.

AIR *de valse de la Chanoinesse.*

Comment faire; hélas!
Je ris tout bas
De leur triste éloquence,
Et romps ce silence,
Oui, pour ne pas
Doubler leur embarras.
D'un ton flatteur,
Avec douceur,
L'un dit que la semaine est belle;
Mais qu'il craint de l'eau par malheur,
Quand viendra la lune nouvelle.
Comment faire, hélas!
Je ris tout bas
De leur triste éloquence,
Et romps le silence,
Oui, pour ne pas
Doubler leur embarras.

Enfin un dernier plus hardi,
En fait de remarques piquantes,
Ose trouver le bal joli,
Et les glaces rafraîchissantes.
Comment faire, hélas! etc., etc.

(Annette porte au fond du théâtre la petite table qui était sur le devant.)

LÉONIE. Alors on se tait.

FANNY. C'est bien amusant... Enfin, tu as raison... une autre fois je tâcherai.

RAYMOND. Ces demoiselles doivent avoir besoin de repos.

FANNY. Oh! pas moi, monsieur... Je serais toute prête à recommencer.

RAYMOND. Vous souhaiteriez donc que la vie fût un bal continuel.

FANNY, *étourdiment*. Oh! si cela se pouvait !.. ce serait trop fatigant pour beaucoup de personnes... mais moi, je crois que je m'y ferais.

RAYMOND. Mademoiselle Léonie n'en dirait pas autant... Je vois ses yeux prêts à se fermer.

FANNY, *riant*. Vous croyez cela, parce qu'elle les tient baissés... Vous oubliez donc que c'est son habitude.

LÉONIE. Parce que les convenances et la retenue naturelle à une jeune personne le veulent ainsi, ma cousine.

FANNY. Je n'ai pas dit cela pour te faire de la peine.

LÉONIE. Oh! je sais bien que tu en es incapable... aussi, loin de me fâcher...

FANNY, *avec amitié*. Tu as raison, ne m'en veux pas... tu sais comme je suis étourdie... c'est passé en proverbe dans la famille.

RAYMOND, *bas à Desormes*. Un excellent cœur!

DESORMES, *de même*. Oui, mais quelle tête!

MADAME DE PRANGEY. Allons, il est tems de se retirer, je tombe de fatigue. (*Fanny et Léonie embrassent Mme de Prangey.*) Et vous, mes enfans, soyez raisonnables, ne vous faites pas de mal... Au lieu de causer toute la nuit, comme cela vous arrive quelquefois, rentrez bien vite... Vous aurez tout le tems de babiller demain.

LÉONIE. Comme il vous plaira, maman.
(Elle va lui présenter son front à baiser.)

FANNY, *lui sautant au cou.* Dormez bien, ma bonne tante... Pour moi, je suis bien sûre que je vais danser toute la nuit, en rêvant.

MADAME DE PRANGEY. Petite folle !.. Annette, des flambeaux.

ANNETTE. Voilà celui de monsieur.
(Elle le donne, puis sort, et rentre un instant après, portant deux autres flambeaux allumés.)

DESORMES. En m'en allant, mon cher Raymond, je vais vous éclairer jusque chez vous.

RAYMOND, *bas à Fanny.* Quand vous voudrez une autrefois que j'aille au bal, dites-le moi.

FANNY, *gaîment, mettant un doigt sur la bouche.* Il ne faut jamais parler aux messieurs.

(Pendant la ritournelle du morceau suivant, les deux jeunes filles vont embrasser leur oncle.)

AIR *Final du premier acte d'un Duel sous Richelieu.*

RAYMOND.
Bonsoir, bonsoir, la nuit s'avance,
Et vous promet un doux sommeil;
J'emporte avec moi l'espérance
De vous revoir dès le réveil.

ANNETTE.
Pour moi, lorsque la nuit s'avance,
Je n'ose goûter le sommeil;
Et toujours en tremblant, je pense,
A quelque effroyable réveil.

DESORMES et Mme DE PRANGEY.
Allons, bonsoir, la nuit s'avance,
Chacun a besoin de sommeil,
Moi je dors tout debout d'avance;
A demain donc, dès le réveil.

LÉONIE et FANNY.
Bonsoir, bonsoir, la nuit s'avance,
Sans nous apporter de sommeil,
Et cependant j'ai l'espérance
Du plus agréable réveil.

(Annette entre dans la chambre de Mme de Prangey avec un flambeau. Raymond conduit Mme de Prangey jusqu'à la porte de sa chambre, il salue les demoiselles et sort par le fond avec Desormes qui tient le flambeau que lui a donné Annette.)

SCÈNE IV.
LÉONIE, FANNY.

FANNY, *à Léonie.* Allons, dépêchons-nous... veux-tu que je t'aide?
(Elle ôte sa guirlande de fleurs, qu'elle pose sur le canapé, ainsi que son bouquet.)

LÉONIE. Pourquoi donc tant te presser?
FANNY. Puisque ma tante le veut.
LÉONIE. Oh! ma chère maman croit toujours qu'on a besoin de dormir... Causons un peu.
FANNY. Tu as raison... C'est si bon quand on revient du bal... Quel dommage que nous l'ayons quitté sitôt!
LÉONIE. Au moment où j'y trouvais le plus de plaisir.
FANNY. Tu t'y es donc bien amusée?.. C'est singulier, tu n'avais pas l'air gai du tout.
LÉONIE. Ce n'est pas une raison... Tu n'as donc pas vu Ernest?
FANNY. Si vraiment... Il ne t'a pas quittée.
LÉONIE. Eh bien! alors...
FANNY. C'est que tu semblais à peine faire attention à lui... Tu détournais la tête quand il te parlait... On aurait dit que sa conversation n'avait aucun intérêt pour toi... C'est au point que si je ne savais pas que tu as une correspondance avec lui, chose dont je ne puis douter, puisque c'est moi qui écris tes lettres, depuis cette coupure que tu as eu la maladresse de te faire... juste le jour où tu as reçu son premier billet.
LÉONIE. Oui, et si tu n'avais pas été assez bonne...
FANNY. C'était si facile... mais à présent te voilà guérie... et la première fois, tu pourras toi-même...
LÉONIE. Y penses-tu!.... avouer que je t'ai prise pour confidente!.. cela ne serait pas convenable... pour toi.
FANNY. Ah!... mais dis-moi donc pourquoi tu le traitais si froidement ce soir?.. on aurait dit que vous ne vous connaissiez pas.

AIR *d'Yelva.*

Moi-même, en voyant ta figure,
Et surtout ton grave maintien,
J'en doutais presque, je te jure...

LÉONIE.
Pauvre enfant, tu n'y connais rien...
Dans un bal faudrait-il, ma chère,
Compromettre ainsi son secret?
On prend toujours un visage sévère
Pour répondre à l'amant qui plaît.

FANNY. Ainsi, vous vous entendiez... et voilà sûrement pourquoi il ne paraissait pas plus chagrin de ta froideur.

LÉONIE. Sans doute.

FANNY. Où donc l'as-tu connu?

LÉONIE. Oh! il y a déjà long-tems... près de six mois.... j'étais encore en pension.

FANNY. Ah! dans votre pension, on vous permettait donc de voir des messieurs?

LÉONIE. Perds-tu l'esprit?... est-ce que jamais on permet cela?

FANNY. Alors, comment cela se faisait-il donc?

LÉONIE. Ah! l'on trouvait des prétextes... Ernest était l'ami du fils de notre maîtresse de pension... et par lui, il avait trouvé moyen de venir aux petits bals qu'on nous donnait de tems en tems..... Oh! c'était une grande faveur!.. Il y avait aussi deux ou trois autres charmans cavaliers... mais je dansais presque toujours avec Ernest... c'est comme cela que j'ai fait sa conquête.

FANNY. Des bals, des fêtes!.... comme c'est agréable la vie de pension!.... Moi, à la campagne où je restais avec ma pauvre mère, je ne dansais qu'une fois par an... à la saint Basile, patron de notre village... et pour charmans cavaliers, je n'avais que de gros paysans qui brouillaient toutes les figures et qui me marchaient quelquefois sur les pieds, avec un aplomb!... Oh! mais cela ne m'empêchait pas de m'amuser comme une folle... Pourtant, je suis franche... les danseurs de ce soir valent mieux... Sais-tu qu'il est très-bien, M. Ernest.

LÉONIE. Est-ce que je l'aurais distingué sans cela?

FANNY. Il doit-être aimable, hein? a-t-il de l'esprit?

LÉONIE. Hum!.... pas trop; mais d'excellentes manières... très-fort à la course au clocher, et conduisant un tilbury à passer sur le corps d'un homme sans lui faire de mal.... et puis il est très-riche.... de qualité, d'ailleurs.... Ernest de Chatenoy, un nom très-vieux.

FANNY. Ah!.. à la bonne heure... mais puisqu'il te convient, pourquoi ne parle-t-il pas à ta mère et à notre oncle?

LÉONIE. Oh! il faudra bien qu'il finisse par là... je l'y amènerai bientôt.

FANNY. Comment! est-ce qu'il ne le ferait pas de lui-même?

LÉONIE. Ah! ma pauvre Fanny, on voit bien que tu as été élevée à la campagne... tu fais des questions... vois-tu, comme me disait une de mes amies de pension qui a fait un si beau mariage!.. Quand on n'a pas une bien grande fortune, et qu'on veut épouser un nom, il y a mille précautions à prendre.. Tu ne sais pas ce que c'est que la vanité des jeunes gens; s'ils ne croient pas qu'on les préfère à vingt rivaux... qu'on est capable pour eux d'un dévouement... romantique... ils ne se décident à rien.

FANNY. Bon! c'est impossible... puisqu'il t'aime; à ta place, moi, je lui dirais: « Mon ami, je veux que vous parliez à maman tout de suite. »

LÉONIE. Quelle maladresse!... il s'en irait peut-être... (Avec vivacité.) Il croirait que je ne l'aime que pour l'épouser.

FANNY, naïvement. Eh bien!.. est-ce que tu ne l'aimes pas pour l'épouser?

LÉONIE. Eh! mon Dieu si... comprends donc... ce sont les partis ordinaires et mesquins qu'on renvoie aux parens.... de petits avocats stagiaires... de petits médecins... des clercs de notaire de sept à huit mille livres de rente!..... mais des partis distingués qu'il faut conquérir, malgré les disproportions de rang et de fortune..... ah!....

FANNY. Je ne savais pas tout cela... Dans quelle ignorance ma mère m'a-t-elle élevée!... je ne comprends rien à tout ce que tu me dis.

LÉONIE. Tu comprends au moins qu'une jeune personne ne doit pas avoir l'air de souhaiter un mari.

FANNY. Tiens, pourquoi pas?

LÉONIE. On ne doit pas le dire au moins... et c'est ainsi que j'ai amené Ernest à une passion très-violente... Il m'aime comme un fou.

FANNY. Tant mieux... mais en es-tu bien sûre?

LÉONIE. Si j'en suis sûre..... écoute..... (Elle l'attire vers l'extrémité du théâtre à droite, puis elle continue d'un air de mystère.) L'an dernier, au bal, à pareil jour, mon bouquet se détacha... je ne sais plus comment cela est arrivé... je ne crois pas l'avoir fait exprès... enfin, il tomba... Ernest ne voulut jamais me le rendre... Eh bien! ce soir, il a prétendu qu'il avait précieusement conservé ce bouquet..... et comme je témoignais mon incrédulité, il a juré qu'il m'en donnerait la preuve.

FANNY. La preuve!

LÉONIE. Avant demain.

FANNY. Avant demain?... impossible.

LÉONIE, troublée. C'est ce que je te disais... c'est impossible... mais cela prouve combien il m'aime toujours.

FANNY, réfléchissant. Impossible!.....

non... attends... à présent, je suis sûre qu'il le fera comme il l'a dit.

LÉONIE. Tu es sûre?

FANNY. Oui. Pendant tout le tems qu'il a dansé avec moi,.. sais-tu de quoi il m'a parlé?

LÉONIE. De moi, sans doute.

FANNY. Du tout... de la maison, du jardin, de la terrasse... enfin, il m'a demandé des renseignemens, comme s'il voulait acheter l'hôtel... et je te le répète, il trouvera le moyen de te faire connaître qu'il est venu avec ton bouquet.

LÉONIE, *les yeux sur la croisée.* Comme si cela se pouvait... à cette heure... lui qui loge à l'autre bout de Paris.

FANNY. Oh! n'importe... il t'aime... il viendra.

(On entend frapper deux fois dans la main en dehors sous la fenêtre.)

LÉONIE, *à part.* Ah! c'est lui!

FANNY, *à elle-même.* Oh! qu'on doit être heureuse d'inspirer un pareil amour! je n'aurai jamais tant de bonheur, moi... j'aime bien quelqu'un; mais je suis si sotte, que je mourrais plutôt que de lui en laisser voir quelque chose.. Quel malheur de n'avoir pas été élevée dans une pension où l'on apprenne aux jeunes personnes à se conduire... Comment aurais-je pu deviner tout ce que sait Léonie?

(On jette du sable contre les carreaux.)

LÉONIE, *émue.* Hein!

FANNY. Qu'est-ce?

LÉONIE, *se remettant.* Rien, rien.

Mme DE PRANGEY, *de sa chambre, sans ouvrir la porte.* Eh bien! mesdemoiselles.

LÉONIE. Oh! ciel!.. maman.

Mme DE PRANGEY, *en dedans.* Est-ce que vous n'êtes pas rentrées?... qu'est-ce que cela signifie?

LÉONIE. Maman, nous achevons notre toilette de nuit.

FANNY. Mais tu mens..... prends donc garde.

LÉONIE, *bas.* Nous avons été des maladroites... il fallait éteindre la bougie..... (*Elle la souffle.*) Bonsoir, maman..,. c'est fini... nous nous couchons.

(La nuit au théâtre.)

Mme DE PRANGEY, *de sa chambre.* A la bonne heure... Bonsoir... à demain.

FANNY. Ah! que j'ai peur!. cette pauvre tante, est-elle crédule!

LÉONIE, *allant à la porte de la chambre de Mme de Prangey.* Elle se couche... (*Revenant auprès de Fanny.*) Nous sommes libres, nous pouvons babiller à notre aise... mais plus bas.

FANNY, *voulant rentrer dans sa chambre.* Oh! non... rentrons, j'ai sommeil.

LÉONIE, *la retenant.* J'ai encore mille choses à te dire.

FANNY, *malicieusement.* Ce n'est pas cela... tu veux voir si M. Ernest...

LÉONIE. Quelle idée! tu sais bien que cela ne se peut pas... Causons, causons encore une minute, je t'en prie, ma petite Fanny.

(Elle la caresse pour la décider. On jette encore du sable contre les carreaux.)

FANNY, *surprise.* Ah! tiens.

LÉONIE, *feignant de ne pas entendre.* Quoi donc?

FANNY. Tu as bien entendu.

(Bruit de sable sur les carreaux plus marqué.)

LÉONIE. Non... Ah! la grêle peut-être.

FANNY, *allant à la fenêtre.* Ah! bien oui, la grêle!... du sable contre les carreaux... (*Bruit.*) Ecoute.

LÉONIE. Oui... Qu'est-ce que ce peut être?

FANNY. Eh! tu sais bien que c'est Ernest avec ton bouquet... je l'aurais gagé.

LÉONIE, *avec beaucoup de joie qu'elle contient.* Ah! mon Dieu! peut-on... quelle extravagance!

FANNY, *vivement.* De l'extravagance!... dis plutôt que c'est de l'amour... Pauvre jeune homme! il m'intéresse... il aime, lui.. à la bonne heure.. Tu diras que je ne m'y connais pas, c'est vrai... mais il est de ces choses que l'on comprend si vite!... et celle-là.... enfin il t'aime tout-à-fait... Je vais ouvrir, n'est-ce pas?

(Elle fait un pas pour y aller.)

LÉONIE, *l'arrête.* Pourquoi faire?

FANNY, *allant à la fenêtre.* Pour qu'il te jette son bouquet.

LÉONIE, *la retenant.* Non, non, cela n'est pas prudent..... tout le monde n'est peut-être pas couché.

FANNY. Mais songe donc qu'il est là..... qu'il vient de faire une lieue pour toi..... d'escalader un mur élevé, une grille... de tenter des choses... sublimes... enfin.

LÉONIE. Eh bien! je le sais... c'est tout ce qu'il faut.

FANNY. Par exemple!... Mais lui, sait-il que tu le sais?.. il s'en ira triste et malheureux...

AIR: *Je n'ai point vu ces bosquets de lauriers.*

Y songes-tu? mais par toi défié,
Bravant le danger et la peine,

---

* Fanny, Léonie.

* Léonie, Fanny.

Il accourt de son amitié
Te donner la preuve certaine.
Pour lui faire un si grand plaisir,
Se peut-il qu'un rien te retienne?
Quand tu l'as forcé de venir,
Non, tu ne dois pas. l'en punir ;
Car c'est ta faute et non la sienne.

LÉONIE. Mais Fanny...

FANNY. Comment! tu souffrirais que ce jeune homme eût pris tant de peine?..... dis-lui au moins un mot pour le renvoyer... c'est facile.

(Elle va vers la fenêtre.)

LÉONIE. Fanny!

FANNY, *s'arrêtant*. Pourtant, si tu ne veux pas...

LÉONIE, *avec un peu d'hésitation et d'embarras*. Je n'ai pas dit... mais alors... ouvre bien doucement.

FANNY, *ouvrant*. Là! (*Un petit bouquet lancé du dehors tombe dans l'appartement, Fanny le relève en sautant de joie.*) Le voilà! le voilà ton bouquet... il l'avait conservé... j'en étais sûre.... Tiens, est-ce bien cela?

LÉONIE Mon Dieu, oui.

FANNY. J'espère que tu vas lui donner sa récompense... oui, le tien de ce soir, en échange.., c'est bien la moindre chose... oh! il le mérite, en vérité.

LÉONIE. Moi!... Dieu m'en préserve.

FANNY. Pourquoi donc?

LÉONIE. Cela ne se fait pas... il n'a eu celui-ci que parce qu'il l'avait dérobé..... Une jeune personne ne doit jamais rien donner... volontairement.

FANNY. Ah! si c'est là de la générosité! Ah! bien .. si tu ne veux pas lui donner ton bouquet, je vais lui jeter le mien d'abord... il croira que c'est toi. (*Elle va prendre son bouquet sur le canapé.*) Puisqu'ils sont pareils.... Hein! tu ris.... tu ris. . (*Elle jette son bouquet par la fenêtre.*) Voilà? c'est comme si tu l'avais jeté.

ERNEST, *en dehors*. Merci... ah! merci, chère Léonie... à vous pour toujours.

LÉONIE. Etourdie! qu'as-tu fait?

FANNY. Tu le vois, un heureux, et à bon marché.

LÉONIE. Ferme vite... ferme à présent, je t'en prie.

FANNY. Soit... (*Elle ferme la fenêtre.*) Quoi que tu en dises, voilà encore un service que je te rends. (*Léonie lui tend la main.*) Tout a bien été... tout le monde est content... allons nous coucher. (*Au moment où elles vont pour entrer dans leur chambre, on entend un coup de fusil.*) Ah! mon Dieu! qu'est-ce que c'est que cela?

LÉONIE. Un coup de pistolet!... un coup de fusil... que sais-je... je n'ai pas une goutte de sang... on l'aura vu... nous serons soupçonnées, compromises.. compromises!. oh! mon Dieu! mon Dieu!.. et par ta faute.

FANNY, *allant écouter à la porte du fond.* Chut! écoute... on vient.

Elles écoutent toutes deux)

LÉONIE, *avec chagrin*. Eh! oui, l'on vient... c'est toute la maison qui se lève... Eh! vite, vite, sauvons-nous dans notre chambre... Heureusement j'ai soufflé la lumière.

FANNY, *s'arrêtant*. Eh bien!.. tu ne songes pas à...

LÉONIE. A qui?

FANNY. Comment à qui?... à M. Ernest... si c'est sur lui qu'on a tiré...

LÉONIE. Viens donc... viens donc... veux-tu qu'on nous surprenne?

(Elle entraîne Fanny.)

FANNY. Mais je ne te conçois pas.... Un jeune homme que tu aimes.

(Elles entrent ensemble dans la chambre de Léonie.)

SCENE V.

ANNETTE, *avec un flambeau*, BERTRAND, *suivi de quelques domestiques*, LE PORTIER, *tenant une lanterne*, *puis* MADAME DE PRANGEY, *en peignoir*, DESORMES, *et enfin* RAYMOND.

(A peine les deux jeunes filles sont-elles rentrées qu'Annette arrive par le fond avec quelques domestiques; Bertrand entre en même tems avec quelques autres et le portier.)

CHOEUR.

Air de *Fra-Diavolo*.

ANNETTE, BERTRAND, LE PORTIER et LES DOMESTIQUES.

Quel bruit soudain se fait entendre?
Est-il ici quelqu'assassin?
Nous venons tous pour le surprendre,
Il doit périr de notre main.

ANNETTE, *à Bertrand*. * Ah! vous voilà, Bertrand.

BERTRAND. Moi-même, grâce à Dieu.

ANNETTE. Que je suis contente!... Les scélérats vous ont manqué... Vous n'êtes pas assassiné.

BERTRAND. Non; car c'est moi qui ai tiré.

ANNETTE. C'est égal... Ils ont certainement des poignards... Combien étaient-ils?

* Bertrand, Annette, le portier.

BERTRAND. Je n'en ai vu qu'un.

LE PORTIER, *qui causait à gauche avec les autres domestiques, se tournant vivement.* Un... vous osez dire un.

ANNETTE *et les autres à Bertrand.* Parlez, Bertrand... dites... dites ce que vous avez vu. Silence... voici madame.

MADAME DE PRANGEY, *regardant avec précaution, avant de sortir de chez elle.* Ah! grâce au ciel... ce sont tous mes domestiques, je croyais que les voleurs venaient chez moi... (*A Desormes qui arrive par le fond.*) Ah! mon frère, arrivez donc.... Savez-vous ce que cela signifie?

DESORMES *entrant.* * Calmez-vous, ma sœur... c'est pour vous tranquiliser justement que je suis descendu... (*Il rit.*) Ce poltron de Bertrand aura eu peur de son ombre...Je gage qu'il n'a vu personne.

LE PORTIER. Personne, monsieur Desormes... oh! que si, j'ai entr'ouvert la porte cochère...

DESORMES, *vivement.* Et tu as vu du monde?

LE PORTIER. Non; j'ai vu un cabriolet, à cinquante pas de moi... la maison est cernée..

DESORMES. Cernée, invisiblement alors.. (*A Bertrand.*) Sur qui as-tu tiré?

BERTRAND. Sur un homme.

DESORMES. Comment serait-il entré dans le jardin?

LE PORTIER. Je l'ai deviné moi... Quand mon fils Jacques m'a dit qu'il n'y avait qu'un petit jockey endormi dans le cabriolet, j'ai dit : Voilà!.. le plus souvent que le jockey est endormi!.. il est tué, et les voleurs auront monté sur la capote du cabriolet pour franchir le mur.

DESORMES. Hein !... ceci paraît plus vraisemblable.

ANNETTE. Ces brigands ont tant d'adresse et d'invention ; ils sont encore dans le jardin, c'est sûr.... Oh! mon Dieu! si c'était un des treize de M. de Balzac que madame lisait l'autre jour .... Un dévorant.

BERTRAND. C'est bien possible.

LE PORTIER. Pardienne.... ça ne fait pas de doute.

MADAME DE PRANGEY. Ah! que j'ai peur!

DESORMES. Allons, pour rassurer toutes ces têtes folles... je vais....

MADAME DE PRANGEY. Merci, mon frère.

DESORMES. Je ne parle pas de vous... je vais faire le tour du jardin avec mon-

* Bertrand, Annette, le portier, Desormes, Mme de Prangey.

sieur Raymond qui arrive aussi au bruit de la mousqueterie comme un brave.

SCENE VI.

BERTRAND, LE PORTIER, RAYMOND, DESORMES, MADAME DE PRANGEY, ANNETTE.

RAYMOND, *arrivant.* Tout à vous, monsieur... mais qu'est-ce donc?

DESORMES. Venez; je vous dirai cela en marchant.. Nous en serons sans doute pour notre promenade... mais il faut tranquiliser madame et ces braves gens.

MADAME DE PRANGEY. Mais je ne veux pas que vous vous exposiez.

DESORMES. Oh! calmez-vous, ma sœur... Nous allons tous nous armer.... (*Aux domestiques.*) Que chacun se prépare à nous suivre avec tout ce qui se trouvera sous sa main.

MADAME DE PRANGEY. Je vais m'enfermer à double tour, moi... pendant votre expédition.

RAYMOND. Vous faites très-bien, madame.

DESORMES. Allons... heureusement nos demoiselles n'ont rien entendu... Comme on dort à cet âge-là!

RAYMOND, *à part.* Oui, mais aussi quelquefois, on est trop éveillé.... C'est singulier... cette fenêtre ouverte tout à l'heure.

DESORMES. Allons, Raymond, allez prendre quelque arme défensive, pour faire comme les autres. Ici le rendez-vous général.

(Ils sortent tous en chantant le chœur suivant.)

CHŒUR.

AIR : *C'est le refrain du bivouac* (du Châlet).

Armons-nous tous pour surprendre et punir
Celui qui, sans frémir,
Vient nous empêcher de dormir.
Allons, marchons, et que le malfaiteur,
Et que le malfaiteur,
Craigne tout de notre fureur.

SCENE VII.

LÉONIE, FANNY,

(Elles sortent avec précaution de leur chambre.)

LÉONIE. Plus personne.

FANNY, *pleurant.* Tu vois qu'on a tiré sur lui..... il est blessé..... peut-être mort pour toi.

LÉONIE. quelle idée!

FANNY. Oh! je ne m'en consolerai jamais... j'en suis la cause... Quel malheur !

LÉONIE. Eh! non, non.... Bertrand est un maladroit.... Ernest est parti.... on ne se doute de rien... rentrons... viens.

FANNY. Sans savoir....... tu en aurais le courage!.... oh! pourrions-nous dormir?

LÉONIE. Comme tu as la tête romanesque, ma pauvre Fanny!

FANNY. Mais je te dis que celui que tu aimes n'est pas parti, puisque son cabriolet est encore là.

LÉONIE, *un peu effrayée.* Ah! mon Dieu! (*Elle s'émeut.*) C'est vrai... ils le prendront peut-être!... (*Après une courte pause.*) Raison de plus pour rentrer bien vite.... Autrement, on nous croirait d'accord avec lui.

FANNY, *très-vivement.* Ils le prendront, dis-tu?..... mais s'ils l'arrêtent comme un voleur... ils vont le maltraiter, peut-être... tu vois bien que tu ne peux pas le laisser là... (*Exaltée.*) tu dois le sauver..... il faut descendre... oui, oui, le trouver avant les autres. Le faire monter... le cacher.

LÉONIE. Vous êtes folle, Fanny.... aller chercher un jeune homme!

FANNY, *hors d'elle-même.* Est-ce que c'est un jeune homme?... c'est quelqu'un qu'on va tuer, mademoiselle.

LÉONIE. Mais non... il n'est pas question de cela.

FANNY. Mais si... il peut perdre la vie.

LÉONIE, *fortement, avec la même expression.* Il peut perdre ma réputation.

FANNY, *lui saisissant le bras.* Ah! ça.... est-ce que vraiment tu balances?

LÉONIE. Non... je suis très-décidée à ne pas y aller.

FANNY. Oh! eh bien! moi qui ne l'ai pas fait venir... moi qui ne l'aime pas... J'irai seule... oh! oui... j'y vais.

LÉONIE. Mais, Fanny, écoute donc.

FANNY. Rien... (*Prêtant l'oreille.*) J'entends revenir tout le monde..... On va le chercher, le trouver peut-être..... Je n'ai plus qu'un moment, et je cours.

(*Elle sort vivement et se dirige du côté du jardin.*)

SCÈNE VIII.

LÉONIE, *seule.*

Ecoute donc... a-t-on une tête exaltée à ce point-là!..... Certainement, je voudrais de tout mon cœur pouvoir le secourir... le faire évader... mais descendre la nuit... s'exposer... jamais... jamais!

(*Elle rentre dans sa chambre.*)

SCÈNE IX.

RAYMOND, *deux pistolets à la main;* DESORMES, *armé d'un fusil;* ANNETTE, BERTRAND, *le portier et les domestiques bizarrement armés.*

DESORMES. Bon, personne ne manque.
TOUS. Nous y sommes tous.
DESORMES. Nous allons commencer la guerre à tous les buissons du jardin.
MADAME DE PRANGEY, *de sa chambre.* Mon frère, est-ce vous?
DESORMES. Allons...... encore ma sœur.
MADAME DE PRANGEY. Sont-ils déjà pris?
DESORMES. Pas encore... patience.
LÉONIE, *de sa chambre.* Mon oncle.
DESORMES. A l'autre... ma nièce, maintenant.
LÉONIE. Que se passe-t-il donc, mon cher oncle? je suis toute tremblante.
DESORMES. Laissez-nous tranquilles..... nous répondons de vous..... pour couper court aux questions, en avant au jardin.... (*Voyant Annette.*) Comment, tu en es aussi, toi, Annette?... quel courage!
ANNETTE. Courage... non, monsieur... c'est poltronnerie... il faudrait rester toute seule.
DESORMES. Je te comprends... marche... Vous, Raymond, vous formerez l'arrière-garde.
RAYMOND. Je m'en charge.

(*On reprend le chœur précédent.*)

Quel bruit soudain se fait entendre?
Est-il ici quelqu'assassin?
Nous venons tous pour le surprendre,
Il doit périr de notre main.

(*Tout le monde sort excepté Raymond.*)

SCÈNE X.

RAYMOND, *seul.*

Ce n'est pas ce danger-là qui m'inquiète... ce qui m'inquiète, c'est de savoir pourquoi la fenêtre en face de la chambre de ces demoiselles était ouverte avant le coup de fusil... (*Se parlant avec chaleur.*) Est-ce que cela me regarde?... Si je n'étais pas assez fou pour être amoureux de cette jeune fille, je n'aurais pas remarqué la fenêtre ouverte; et je n'aurais pas des soupçons... ridicules!... Ridicules, soit!... j'en ai... j'ai beau faire, j'en ai..... allons, descendons au jardin..... (*Musique. Il va pour sortir par le fond ; arrivé à la porte, il regarde.*) Eh ! je ne me trompe pas... non... On monte avec précaution... Oh ! je crains bien d'en apprendre plus que je ne désire.

(*Il se retire dans l'angle obscur du salon, près de la chambre de M*^{me} *de Prangey ; Fanny entre conduisant Ernest qui est blessé au bras.*)

SCÈNE XI.

ERNEST, FANNY, RAYMOND, *au fond.*

FANNY. Par ici, venez..... ne craignez rien... Nous voici arrivés.

RAYMOND, *avec surprise.* Fanny avec un jeune homme... ah ! tout est éclairci..... au moins cela me guérira de ma folie.

ERNEST. Ah ! comment vous remercier, mademoiselle ?

FANNY. Comme vous voudrez... mais il faut que je vous sauve, puisqu'on vous poursuit.

RAYMOND. Quelque fat qui lui aura tourné la tête... il me prend envie...

(*Il fait un mouvement et s'arrête.*)

ERNEST. Grâce à vous, je viens de l'échapper belle... Blotti derrière un buisson de... je ne sais quoi..... cerné de tous côtés, j'étais perdu....... lorsque, par une manœuvre aussi prompte qu'habile, tournant les positions de l'ennemi, vous m'avez fait éviter sa poursuite comme par miracle.

FANNY. Oh ! vous n'êtes pas hors de danger... après avoir battu tout le jardin, ils vont peut-être revenir.

ERNEST. Ils en sont bien coupables..... Quels enragés ! mais si l'on vous voyait avec moi..... vous vous êtes assez exposée déjà.

FANNY. Qu'importe ?

ERNEST. Trop bonne en vérité..... je ne puis consentir à me sauver à ce prix-là.

RAYMOND, *à part.* De toutes les manières, tu ne m'échapperas pas, je t'en réponds.

FANNY, *avec effroi.* Mais, monsieur, quand je vous dis qu'il faut que je vous guide hors d'ici..... autrement..... vous ne pouvez manquer de tomber entre leurs mains.

ERNEST. Du tout..... du tout... allez rejoindre votre cousine.....; je parviendrai à sortir d'ici.

FANNY, *frappant du pied.* Avec votre bras foulé... vous franchirez la muraille, n'est-ce pas ?

ERNEST. Certainement, certainement... aïe, aïe..... (*Il se frotte le bras.*) Que c'est bête de tomber du haut d'un mur !..... et du mauvais côté, encore..... au moins si c'eût été dans la rue.

FANNY. Restez là.... je vais appeler Léonie.... elle m'aidera à vous faire évader....

RAYMOND, *à part.* Léonie est sa confidente.

ERNEST, *arrêtant Fanny, et passant à sa gauche.* Par exemple !.... consentir à vous exposer toutes deux !..... on me prendra, soit... je dirai, je ne sais pas... Que je suis somnambule... ou plutôt amoureux de la femme de chambre.

FANNY. Pourquoi donc cela, monsieur ?.. pourquoi mentir ?..... cette pauvre fille, pourquoi la faire renvoyer ? quand Léonie peut si aisément.... oui, elle surtout qui a toutes les clefs de la maison.... je ne suis pas en peine..... Comment pourrait-elle hésiter ?..... dans votre position, c'est un devoir pour elle. (*Elle va à la porte de Léonie, et frappe.*) Léonie, c'est moi !

SCÈNE XII.

Les Mêmes, ANNETTE.

ANNETTE, *entrant par le fond.* Ah ! mon Dieu ! cette robe blanche, c'était mademoiselle Fanny... et un homme avec elle.

ERNEST, *baisant la main de Fanny.* Vous êtes un ange.

ANNETTE. Le brigand qui lui baise la main.

FANNY. Attendez-moi là, je reviens....

(*La porte de Léonie s'ouvre ; elle tire à elle Fanny et referme rapidement.*)

RAYMOND. Elle ne le retrouvera pas.

ANNETTE, *se retournant.* Et monsieur Raymond qui est là... il a vu aussi le brigand... Bon ! ah ! ben oui, un brigand... un amoureux, pas autre chose. Courons prévenir M. Desormes.

(*Elle redescend au jardin ; il fait très-obscur.*)

SCÈNE XIII.

RAYMOND, ERNEST.

ERNEST, *se promenant.* Diable d'aventure ! elle tourne bien ridiculement pour moi... Comment Léonie peut-elle ?... elle se sera trouvée mal sans doute... (*Touchant son bras malade.*) Pardieu ! je voudrais bien être hors d'ici.

RAYMOND, *venant derrière lui.* Je le crois, monsieur.
ERNEST, *se retournant vivement.* Quelqu'un... diable !
RAYMOND, *brusquement.* Que faites-vous là ?
ERNEST, *plus embarrassé.* Ce que je fais, monsieur ?..... ma foi, je serais fort embarrassé de vous le dire.
RAYMOND. Répondez... répondez.
ERNEST, *s'impatientant.* Eh ! répondez vous-même... Qui êtes-vous ? avez-vous le droit de m'interroger ?
RAYMOND, *avec hauteur.* Je le prends.. j'habite la maison.
ERNEST, *gaîment.* Je voudrais bien être à votre place.
RAYMOND. Parce que...
ERNEST. Parce que je saurais le chemin pour en sortir... Eh ! mais..... vous devez être monsieur Raymond, un jeune homme grave, qui a joué aux dames ce soir, au lieu d'aller au bal : un jeune homme fort heureux, dont les demoiselles s'occupent, même pendant qu'elles dansent.
RAYMOND. Vous voulez plaisanter.
ERNEST, *du même ton.* Pas trop.
RAYMOND, *lui saisissant le bras.* Monsieur...
ERNEST. Ah ! doucement, je vous prie... (*En riant.*) Ce bras blessé, foulé..... ne peut pas se prêter sans quelque peine... à votre politesse.
RAYMOND. Si vous n'êtes pas un lâche, vous vous battrez. (*Signe d'adhésion d'Ernest.*) A l'instant. (*Ernest secoue la tête, en riant.*) Je ne suis pas un lâche..... mais je ne me battrai pas à l'instant... impossible.
RAYMOND. Ah ! impossible..... j'en suis fâché ; mais...
ERNEST. J'en suis plus fâché que vous... mais je ne sais me battre que de la main droite ; et vous voyez, monsieur, qu'avec la meilleure volonté du monde, elle est hors d'état, pour le moment, de vous offrir un coup d'épée, ou de pistolet..... Plus tard, j'espère bien.... mais avant.... dans l'intérêt de la partie de plaisir convenue, (*il appuie sur ce dernier mot*) je réclamerai de vous la faveur d'un petit service.
RAIMOND. parlez, monsieur.
ERNEST. Si vous êtes un galant homme, comme je n'en doute pas, vous m'aiderez à me dérober à la vue des gens qui me cherchent..... (*plus bas*) par égard pour la réputation d'une jeune demoiselle.
RAYMOND. Ah ! vous avez raison, monsieur ; et dans ma colère, j'oubliais....... mais je ne sais trop..... à moins de vous conduire chez moi. (*On entend un coup de fusil au jardin.*) Eh !...
BERTRAND, *en dehors.* Il est tombé..... il est tombé pour le coup !
RAYMOND. Etiez-vous avec quelqu'un ?
ERNEST. Oh ! l'on ne prend point de second pour l'affaire qui m'amenait... ils auront tiré sur mon manteau resté accroché au mur ; et qui par parenthèses a été cause de ma chute... Mais, monsieur, l'on vient... je vais être vu, et... si vous tenez à conserver votre victime.
RAYMOND. Ils nous ferment le chemin de chez moi... Attendez, je vais les retenir un instant....... jetez-vous là, derrière ce chevalet... je suis à vous.
(*Il sort du côté du jardin. Ernest se cache derrière le chevalet qui se trouve entre la porte du fond et celle de la chambre de Léonie.*)

SCÈNE XIV.

ERNEST, *caché*, FANNY, *entr'ouvrant la porte de Léonie.*

FANNY. Ah ! mon Dieu ! encore un coup de fusil.... Oh ! je tremble.... il n'est plus là.
ERNEST, *à demi-voix, en se montrant.* Si fait, mademoiselle.
FANNY, *frappant dans ses mains.* Ah ! tant mieux..... il n'a point de mal... mais vous ne pouvez pas rester là..... on voit toutes vos jambes.
(*Elle marche avec agitation.*)
ERNEST. Eh bien ! faites-moi partir.
FANNY. Impossible... Léonie n'a plus les clefs.
ERNEST Ah ! diable......... cela se complique.
FANNY. Comment faire ?.. ils vont vous trouver.
ERNEST. Dam ! s'ils viennent, et que je reste... il n'y a pas de doute... que voulez-vous, c'est un petit malheur, abandonnez-moi à mon sort, et sauvez-vous.
FANNY, *tout-à-fait hors d'elle-même, le prenant par la main.* Mais vous serez tué, monsieur, vous serez tué... O mon Dieu ! où le cacher ?.... où le cacher ?... et rien, rien..... pas un endroit... ah ! si..... entrez là... (*Elle le pousse dans sa chambre.*) Là, tout de suite. (*Elle ferme la porte, et va pour sortir, lorsqu'elle aperçoit Raymond.*) Ah ! monsieur Raymond !
(*Elle se cache derrière le chevalet où était Ernest.*)

SCÈNE XV.

FANNY, *cachée*, RAYMOND *d'abord*, *puis* DESORMES, ANNETTE, MADAME DE PRANGEY, LÉONIE, BERTRAND, LES DOMESTIQUES.

RAYMOND, *arrivant vivement et se retournant vers le chevalet. A voix basse et rapidement.* Monsieur, je suis parvenu à les éloigner... ne perdez pas un moment... vite, dans le corridor, et montez deux étages... (*Il va au chevalet, et voit Fanny.*) Ah!....
(Il recule en mettant la main sur son front, comme un homme étourdi d'un coup imprévu. Bruit au dehors.)

DESORMES, *en dehors*. Avancez donc, poltrons que vous êtes... (*A Raymond, en entrant.*) Il n'y a rien, n'est-ce pas, Raymond?

RAYMOND, *se mettant devant Fanny.* Rien, monsieur... absolument rien.

DESORMES, *voyant Fanny.* Fanny!..... allons, elle aussi, qui vient à la poursuite des voleurs.

FANNY, *tremblante.* J'ai entendu beaucoup de bruit..... j'ai été si effrayée..... je me suis levée..... Qu'y a-t-il donc, mon oncle?

DESORMES. Rien, rien, mon enfant.

RAYMOND, *vivement, et à part.* Elle feint de l'ignorer... Ah! de la fausseté!

MADAME DE PRANGEY, *entr'ouvrant la porte.* Mon frère...

DESORMES. Madame de Prangey, maintenant.

MADAME DE PRANGEY. S'il est jeune, je demande qu'on ne lui fasse pas de mal ici... il peut se corriger.

DESORMES. A qui?

MADAME DE PRANGEY. Au brigand.

DESORMES. Soyez tranquille, mon excellente sœur... on ne lui en fera pas, sur ma parole. (*Il rit.*) Ah! ah! ah!

LÉONIE, *paraissant à son tour.* Qu'est-ce donc? que s'est-il donc passé?

DESORMES. Léonie!...... il ne manque plus personne.... alors, tant mieux... j'en profiterai, pour donner à tout le monde l'ordre d'aller se coucher.

MADAME DE PRANGEY. Mais, mon frère, me direz-vous au moins ce que cela signifie?

DESORMES. Cela signifie que je ne prêterai plus mon fusil à M. Bertrand... Allons, qu'on m'obéisse... bonne nuit.
(Il sort avec tous les domestiques.)

MADAME DE PRANGEY. Bonne nuit..... Dieu sait comment je vais la passer après une telle agitation..... mes nerfs sont déjà dans un état..... (*A Léonie et à Fanny.*) Allons, rentrez, mesdemoiselles.

LÉONIE. Oui, ma mère, sans doute, je rentre.
(Elle rentre dans sa chambre.)

FANNY, *obéissant lentement. A part.* Mais comment faire, moi, maintenant? oh! bien, tout à l'heure, j'irai chez Léonie... voilà tout.

(Au moment où Mme de Prangey rentre dans sa chambre, Annette s'approche d'elle et lui dit tout bas:)

ANNETTE. Madame, j'aurai demain quelque chose à vous dire.

MADAME DE PRANGEY. Demain!... tout de suite.

FANNY, *à part.* Ils ne l'ont pas trouvé toujours.

MADAME PRANGEY *fait entrer Annette, puis elle se retourne pour dire à Fanny.* Allons donc... allons donc, Fanny.

FANNY *semble se disposer à rentrer; mais aussitôt que Mme de Prangey a fermé sa porte, elle tourne la clef de sa chambre, et va frapper à la porte de Léonie.* Léonie..... Léonie..... c'est moi..... ah! mon Dieu! est-ce qu'elle aurait le courage de me laisser là?... Léonie... Léonie...

(Elle continue à frapper et à appeler pendant que le rideau baisse.)

FIN DU PREMIER ACTE.

ACTE II.

Même décoration qu'au premier acte.

SCENE PREMIERE.

FANNY, *seule.*

(Au lever du rideau elle est couchée et endormie sur le canapé. Elle rêve.)

Léonie, Léonie, ouvre-moi donc... tu refuses... eh bien! tu es aimable... quand c'est pour toi... (*S'éveillant en sursaut*) Ah!... où suis-je donc?... comment! sur ce canapé, dans ce salon!... ah! oui... j'avais oublié... hier... ce jeune homme enfermé là!... (*Avec effroi*) Mon Dieu! (*Elle se lève tout-à-fait*) il n'y a pas un moment à perdre pour le faire partir... quel bonheur que je me sois éveillée avant tout le monde!

(Elle court à la porte de sa chambre, met la clef dans la serrure, la tourne deux fois, va ouvrir. Desormes entre sans bruit, et vient lui frapper doucement sur l'épaule.)

SCENE II.
DESORMES, FANNY.

FANNY, *surprise et effrayée.* Ah! mon oncle!

(Elle s'éloigne vivement de la porte de la chambre de sorte que Desormes se trouve à la place qu'elle occupait; mais le dos tourné à la porte où est Ernest.)

ERNEST, *l'entr'ouvrant et voyant Desormes.* Diable! quelqu'un.

(Il rentre et referme la porte avec précaution.)

DESORMES, *riant.* Eh! là.. là! qu'est-ce qui te prend?... j'ai donc une figure bien effrayante aujourd'hui?

FANNY, *naïvement et troublée.* Mais, non, mon oncle, non... pas plus qu'à l'ordinaire.

DESORMES. Merci du compliment.

FANNY. Eh! mais, vous vous trompez... je veux dire que je vous trouve l'air aussi bon, aussi indulgent qu'à l'ordinaire.

DESORMES. Ah! ça vaut mieux de cette manière... mais pour une personne qui est allée hier au bal, tu t'es levée de bien bonne heure, à ce qu'il me semble?

FANNY. Oh! moi, le bal ne m'endort pas.

DESORMES. Un souvenir de valse, de galop qui t'aura fait sauter hors de ton lit.

FANNY, *étourdiment.* Vous vous trompez bien, mon oncle, car je ne.... mais vous... je vois pourquoi vous êtes si matinal... vos fleurs que vous allez visiter... vous craignez qu'un pied maladroit n'en ait maltraité quelqu'une, pendant l'alerte de cette nuit.

DESORMES. Du tout... je viens tout bonnement voir mes journaux.

FANNY, *vivement.* Ils ne sont pas encore venus.

DESORMES. Ah!

FANNY, *à part.* Quel bonheur! il se serait mis à les lire... je n'aurais jamais pu l'éloigner.

DESORMES. Il faut que je les attende alors (*dépit de Fanny*): ils sont bien en retard... Si je profitais de cette circonstance pour faire une leçon à Mlle Fanny.

FANNY, *troublée.* A moi, mon oncle?

DESORMES. A toi... ce ne serait peut-être pas trop mal à propos... qu'en dis-tu?

FANNY, *à part.* Ah! mon Dieu! est-ce qu'il sait quelque chose?

DESORMES, *la menaçant du doigt.* Tiens-toi bien... (*souriant*) mais ne t'effraye pas trop.

FANNY, *à part.* On n'a rien découvert.

DESORMES. Je veux seulement causer avec toi.

FANNY. Tant que vous voudrez... mais au jardin.

DESORMES, *regardant à la fenêtre.* Y penses-tu?... il va pleuvoir...

FANNY, *vivement.* Nous prendrons un parapluie.

DESORMES. Ah ça! il faut que ce soit quelque surprise que tu m'aies ménagée... quelque chose de merveilleux à me faire voir... mais je l'ai mis dans ma tête, tu m'entendras auparavant.

FANNY, *allant vers la fenêtre.* Ah! mon Dieu!.. mon bon oncle, voyez donc... le vent qui a renversé mon bel oranger... celui que vous m'avez donné... Ah! venez... mais venez donc m'aider à le relever.

DESORMES. Allons... je veux bien aller relever l'oranger; mais tu n'échapperas pas à la morale.

(Il sort entraîné par elle.)

[SCENE III.

ERNEST, puis LÉONIE.

ERNEST, entr'ouvrant de nouveau sa porte. Bon! mon petit ange protecteur est enfin parvenu à éloigner le digne oncle!.. profitons du moment pour nous échapper. Pourvu que la porte de la maison soit déjà ouverte. Allons... mais par où passer?.. si j'allais me tromper... et au lieu de sortir, entrer, par exemple, chez la mère de Léonie... ce serait assez dramatique... et quelle nuit! jusqu'à six heures du matin!.. la rage de faire le sentimental; oh! si l'on m'y reprend... (*Il cherche.*) Ah! cette fenêtre... où donne-t-elle?.. sur le jardin... si je prenais ce chemin?... (*Il va à la fenêtre.*) Tiens... mon cabriolet au-delà du mur... bravo!... ce pauvre Tom qui m'attend toujours... allons... (*Il met la main à l'espagnolette.*) Aïe... j'oubliais que je n'ai plus qu'un bras... impossible... d'ailleurs vingt-cinq pieds... ma foi non... Une autre idée... un billet à Léonie, qui lui apprenne mon embarras; Tom ira le porter... (*Il déchire un feuillet de son portefeuille, et crayonne en parlant quelques lignes*), c'est cela... (*A la fenêtre.*) Pst, pst... Tom..... Allons donc... oui, c'est moi !... Tom... l'imbécille, qui m'ôte son chapeau; au lieu d'avancer... tu dis... tu as été bien en peine? il y paraît... il dormait bien enveloppé dans la couverture du cheval... et moi qui le plaignais!... c'est mon alezan que je dois plaindre... une bête qui me coûte mille écus... ça l'arrange joliment... (*A la fenêtre.*) Eh bien! avanceras-tu?... Ce billet à la femme de chambre, pour sa jeune maîtresse... tu m'entends bien... va! (*Il ferme la fenêtre.*) En attendant, cherchons toujours... si c'était par là...

(*Il va mettre la main sur le bouton de la porte qui est dans l'angle à droite. La porte s'ouvre, Ernest recule, Léonie sort.*)

ERNEST. Léonie!
LÉONIE. Ernest ici!
ERNEST, *courant à elle.* Ah! que vous avez bien fait de venir... je comptais sur vous.
LÉONIE. Pour rien, pour rien, monsieur... sortez, sortez vite, mais sortez donc.
ERNEST. Je ne demande pas mieux.
LÉONIE. Qu'attendez-vous?
ERNEST. Mais, que vous m'indiquiez le chemin.
LÉONIE. Moi!... vous comptiez sur moi pour cela... vous voulez donc me perdre.
ERNEST. Non; mais je voudrais me sauver... Léonie, un mot.
LÉONIE. On peut me voir; on peut me voir, vous dis-je, Ernest... adieu, adieu...
(*Elle s'enfuit par la porte du fond.*)
ERNEST, *à lui-même.* Eh bien!..... elle me laisse.... c'est aimable de sa part !..... comment faire maintenant?... je suis furieux, oui, furieux, et j'ai raison..... car..... c'est-à-dire, je ne sais pas si j'ai raison.. si l'on nous eût aperçus !.. ceci annonce au moins un grand fond de prudence... je ne puis pas ici m'attendre à ces dévouemens exaltés dont j'ai l'habitude... toute réflexion faite, cela doit être bien.

ANNETTE, *de la chambre de madame de Prangey.* Oui, madame, un jeune homme... c'est comme si vous l'aviez vu.
ERNEST, *écoutant.* Vu, qui? moi, peut-être... Allons, me voilà pris... Vite dans ma cachette..... Dieu sait comment j'en sortirai maintenant.
(*Il rentre dans la chambre de Fanny.*)

SCENE IV.

ANNETTE, puis RAYMOND.

ANNETTE, *à la cantonade.* Je vais donc prévenir M. Raymond que vous désirez lui parler, et qu'il vous attende au salon. (*Arrivant en scène.*) Ma foi, j'ai tout raconté à madame... avec ça que mademoiselle Fanny ne se gêne pas pour rire au nez des gens à propos de rien..... hier encore, pour une simple politesse que Bertrand m'adresse en passant..... enfin, il n'y avait pas de mal.... elle a ri.... mais ri, d'une manière tout-à-fait intempestive... on n'aurait qu'à s'aller figurer.... quelque chose pourtant..... aussi, je ne l'ai pas ménagée.... mais voici justement M. Raymond.
RAYMOND, *pensif, entrant et s'asseyant sur le canapé.*) Ah! si l'on pouvait me dire que je me suis trompé..... que c'est un rêve que j'ai fait... mais non... malheureusement j'ai vu... j'ai vu...
ANNETTE, *à part.* Comme il a l'air sombre!... (*Haut.*) Monsieur Raymond. (*A elle-même.*) Eh bien!..... il ne m'entend pas... (*Haut.*) Monsieur Raymond.
RAYMOND. Ah! c'est vous, Annette?
ANNETTE. Je suis chargée par madame de vous prier de l'attendre ici..... elle a des choses importantes à vous demander.
RAYMOND. Ah!
ANNETTE. Et vous devinez bien à peu près ce que ce peut être.

RAYMOND. Moi, non.
ANNETTE. Laissez donc..... quand on a été témoin.... comme nous deux.... cette nuit.
RAYMOND. De quoi?
ANNETTE. Eh! de ce que vous savez bien.
RAYMOND. Moi, je ne sais rien.
ANNETTE. Ça n'empêche pas que j'ai tout dit à madame, et qu'elle désire que vous lui répétiez toutes les circonstances de mon récit concernant mademoiselle Fanny.
RAYMOND, *à part*. Allons, compromise!..... perdue!..... mais ce n'est pas à moi de l'accuser, et si je puis au contraire... (*Haut*.) Mademoiselle Annette.
ANNETTE. Monsieur Raymond...
RAYMOND. Je ne sais pas ce vous avez pu dire à madame de Prangey.
ANNETTE. Comment ce que j'ai pu dire... mais l'aventure donc...
RAYMOND. Quelle aventure ?..... Je ne suis au courant d'aucune aventure, moi... je n'ai rien à raconter, car je n'ai rien vu.
ANNETTE. Si c'est possible!..... Comment, monsieur, est-ce que par hasard vous voudriez me faire passer pour une personne capable d'inventer des propos?
RAYMOND. Bien fâché.
ANNETTE. Eh! mon Dieu! qu'est-ce que madame va penser, si je ne prouve pas ce que j'ai déclaré?
RAYMOND. Cela vous regarde.
ANNETTE. Moi qui l'ai conté dans toute la maison.
RAYMOND. Tant pis pour vous.
ANNETTE. Comment! je n'ai pas vu mademoiselle Fanny prendre la main d'un beau jeune homme et l'emmener vite, au moment où je suis arrivée?... où vous-même... car c'était bien vous... vous avez vu aussi bien que moi...
RAYMOND, *très-froidement*. Moi... rien du tout.
ANNETTE. Oh! mais avec votre sang-froid vous me feriez douter de moi-même.
RAYMOND, *sur le même ton*. Vous ne feriez peut-être pas si mal.
ANNETTE. S'il ne s'agissait pas de mademoiselle Fanny encore!.... et même si c'était la première fois qu'elle eût donné à jaser.
RAYMOND, *à part*. Oh! mon Dieu!..... (*Il se lève, et s'approchant d'Annette*.) Vous dites?...
ANNETTE, *continuant*. Mais quand on aime tant à dessiner des militaires...
RAYMOND. Des militaires... Fanny!
ANNETTE. Quand on en a plein son album... il est impossible que je me trompe.... et puisque vous refusez de parler... eh bien! nous verrons si je ne parviendrai pas toute seule à dévisager les choses et à faire éclater la vérité.
(*Elle sort en murmurant toujours quelques paroles.*)

SCENE V.

RAYMOND, *seul*.

Mais c'est une vipère que cette femme de chambre-là! cependant ces dessins dont elle parle... je n'aurais pas cru que ce M. Ernest fût militaire... ah! que j'aurai de plaisir dès qu'il pourra tenir une épée... Pauvre Fanny!..... il l'a éblouie, séduite... Allons, il n'y faut plus songer... ah! oui, j'aurai beau faire... je le sens maintenant..... j'étais arrivé sans m'en apercevoir à aimer cette jeune fille... ah! comme je n'avais jamais aimé encore!.... Moi! me laisser prendre à ce qu'il y a de plus léger, de plus étourdi! mais elle était si piquante et si gaie... si adorable, même dans ses défauts!..... je la croyais si franche!.... ah! oui, franche?.... eh bien.... quoi! elle en aimait un autre?.. était-elle obligée de me le dire? mais aimer un tel fat!.... ah! bientôt j'espère... sa vie ou la mienne..... oui, mais alors..... pauvre Fanny!

AIR *de Téniers*.

Allons! quoi, j'y reviens encore!
Toujours dans le fond de mon cœur,
Sont gravés ces traits que j'adore,
Et qui pourtant font mon malheur...
Oui, je vois partout cette image,
Partout elle vient me chercher...
Ah! je le sens de ce cœur sans courage,
C'est le fer seul qui pourra l'arracher.

(*Il s'agite et marche.*)

SCENE VI.

RAYMOND, FANNY.

FANNY, *près de la porte du fond*. La porte de la rue est ouverte enfin... mon oncle est au fond du jardin... maintenant le pauvre jeune homme pourra..... (*En s'avançant pour aller à sa chambre, elle voit Raymond*.) Ah! ah! monsieur Raymond!
RAYMOND, *à part*. Je suis presque fâché d'être descendu.
FANNY, *à part*. S'il n'était pas si sévère... il pourrait m'aider à sortir d'embarras.... voyons.... (*S'avançant, haut à Raymond*.) Monsieur Raymond.

RAYMOND, *la saluant très-froidement.* Mademoiselle...

FANNY, *à part.* Ah! bien oui... il a l'air encore plus sérieux qu'à l'ordinaire..... il faut le renvoyer aussi... (*Haut.*) C'est sans doute mon oncle que vous demandez?.... vous le trouverez au jardin.

RAYMOND, *à part.* Elle veut m'éloigner.

FANNY. Vous n'allez donc pas le rejoindre?... (*A part.*) Je vais bien le faire fuir... (*Haut.*) Mon Dieu! si vous restez dans ce salon, vous allez vous ennuyer beaucoup, car nous y prendrons tout à l'heure notre leçon de danse, Léonie et moi.

RAYMOND, *avec un soupir.* Vous êtes bien heureuse, mademoiselle, rien ne peut altérer votre gaîté.

FANNY. Comme vous dites cela..... ah! vous avez quelque chose contre moi, je vois cela dans vos yeux... Allons, parlez vite... (*A part.*) S'il sait tout, cela m'évitera la peine...

RAYMOND. Je n'ai pas le droit de vous donner des leçons...

FANNY. Ah! mon Dieu! vous le prenez bien sans permission, ce droit-là.... vous savez bien que vous me grondez toujours... et que cela ne me fait pas de peine, parce que.... vous grondez très-agréablement... mais, dans ce moment, vous avez un air de *père sournois* qui m'épouvante.

RAYMOND, *à part.* Quel dommage!

FANNY. Voyons, ne soyez pas trop méchant... grondez-moi si vous voulez, mais pas trop fort.

RAYMOND, *à part.* Tant de confiance... d'abandon... et coupable!

FANNY. En vérité, si je fais mal, c'est malgré moi.... sans le savoir... je donnerais tout au monde pour ne mériter jamais vos reproches.

RAYMOND, *avec émotion.* Et moi, pour ne jamais vous en faire... Si vous saviez, Fanny, combien il est pénible de toujours lutter contre son cœur ou contre sa raison..... tout à l'heure je n'avais que des paroles amères à vous adresser, maintenant

AIR : *de Renaud de Montauban.*

Lorsque j'entends vos discours ingénus,
Lorsque je vois l'air calme et plein de charme,
Dont vous parlez de vos torts inconnus,
Tant de candeur me touche et me désarme,
D'un doute affreux je suis environné,
La vérité pour moi n'a plus de trace...
Et malgré moi, j'excuse, je fais grâce,
   Lorsque tout autre eût condamné,
Oui, quand tout autre eût condamné.

Vous devez me trouver bien fou.

FANNY. Comment?..... parce que vous me jugez un peu moins mal qu'à l'ordinaire..... eh bien! monsieur, c'est aimable... mais n'importe, je ne vous en veux pas.... c'est à moi que j'en veux de vous chagriner, de ne pas venir à bout de mon caractère..... car il ne faut pas croire au moins que je ne tâche pas de me corriger. Vous me direz que cela ne paraît guère, et cependant..... c'est que tout le monde aussi n'est pas raisonnable à votre manière..... quand je vois blâmer les choses les plus simples, les mouvemens les plus naturels... ça me dépite, et malgré moi...

RAYMOND. Mais vous ne voulez donc pas comprendre qu'il est de certaines démarches que chacun, sans être méchant, peut mal juger... mal interpréter... il en est même qui ont des apparences telles, que l'homme le plus indulgent ne peut quelquefois s'empêcher de les croire coupables.

FANNY. Coupables!

RAYMOND, *lui prenant la main.* Cette nuit..... au moment du coup de fusil, je suis descendu, et j'ai vu...

FANNY, *émue.* Quoi donc, monsieur... qu'avez-vous vu?

RAYMOND. Une jeune fille... conduisant par la main un jeune homme, et cherchant à le faire évader.

FANNY, *à part.* Oh! mon Dieu! s'il allait s'imaginer que c'était pour moi que M. Ernest... ah! mais je ne veux pas..... je ne veux pas de cela... (*Haut.*) Monsieur Raymond... il faut absolument que vous sachiez... ah! oui, il le faut... (*A part.*) Ah! que vais-je faire?... mais c'est le secret de Léonie.

RAYMOND. Parlez, parlez, mademoiselle... oh! je suis digne de cette marque d'estime... je la mérite au moins par mon affection désintéressée.

FANNY. Eh bien! je... je réfléchis... j'ai eu tort... je n'ai pas le droit... je ne puis rien dire...

RAYMOND. Il suffit., la confiance ne se commande pas.

FANNY, *à part.* Allons, le voilà persuadé maintenant... Oh! je suis bien malheureuse!.. (*Haut.*) Monsieur Raymond, vous me croyez coupable, je le vois... oh! oui, je le vois... eh bien! non, je ne le suis pas... ce qui vous paraît une faute n'est encore qu'une inconséquence... oh! bien grave, puisqu'elle a pu vous faire douter de moi; mais...

AIR : *Je vais revoir ma Normandie.*

Si quelque funeste apparence
De mes amis glaçait le cœur,

Et me privait d'une indulgence
Où j'avais placé mon bonheur;
A celle, enfin, qui vous implore,
Si le soupçon fermait leurs bras...
Attendez, attendez encore,
N'y croyez pas, n'y croyez pas.

RAYMOND, *avec doute et émotion.* Mademoiselle... certainement... il me serait bien pénible... mais quand vous seriez justifiée à mes yeux... cela ne suffirait pas encore.

FANNY. Comment... que dites-vous?

RAYMOND. Une autre personne a été témoin...

FANNY. Une autre...

RAYMOND. Oui; Annette... elle vient d'en faire le rapport à votre tante.

FANNY. Annette... ma tante... allons, toute la maison maintenant... (*A part.*) Oh! mon Dieu! et si on vient à découvrir où je l'ai caché... c'est pour le coup... il ne faut pas qu'il y reste un seul instant de plus... (*Haut.*) Monsieur Raymond.... (*A part.*) Pour cela je puis le lui dire, ça ne compromet que moi... (*Haut.*) Vous allez me gronder bien davantage... n'importe...

RAYMOND. Oh! non, mademoiselle... à présent je ne vous gronderai plus... je vous plaindrai... dites.

FANNY. Apprenez donc que... (*Apercevant sa tante.*) Ma tante!... je reviendrai.

(Elle fait un mouvement pour sortir.)

SCÈNE VII.

RAYMOND, FANNY, MADAME DE PRANGEY.

MADAME DE PRANGEY. Restez, Fanny.. Je suis bien aise de vous trouver là, monsieur Raymond... Vous n'êtes pas de trop pour ce que j'ai à dire à mademoiselle.

FANNY, *à part.* Quel air sévère! (*Bas à Raymond.*) Ah! monsieur Raymond, vous aviez bien raison tout à l'heure.

MADAME DE PRANGEY, *continuant.* Annette vient de m'apprendre qu'hier au soir il y avait bien réellement quelqu'un ici.

FANNY. Ah! ma tante!.... sur une parole d'Annette...

MADAME DE PRANGEY. Nous avons un autre témoignage que le sien... et c'est là-dessus que j'allais demander quelques éclaircissemens à M. Raymond.

RAYMOND, *passant entre Fanny et Mme de Prangey*[*]. Inutile, madame... car je n'aurais rien à répondre.

MADAME DE PRANGEY. Je m'y attendais... Annette m'avait prévenue... il suffit, monsieur, je comprends... Par bonté, par commisération, vous vous croyez obligé de garder le silence... mais le fait n'en reste pas moins prouvé, et j'exige à l'instant de mademoiselle un aveu complet et sincère.

FANNY, *à part.* Mon Dieu! je ne puis pourtant pas accuser Léonie pour me justifier... (*Haut.*) Ma tante, ne m'interrogez pas, je vous en prie... si je pouvais, croyez-le bien, je n'hésiterais pas à vous faire lire dans mon cœur... comme toujours.

MADAME DE PRANGEY. Ainsi, mademoiselle, vous refusez?

FANNY, *avec émotion.* Oui, ma tante.

RAYMOND, *bas.* Réfléchissez, Fanny; votre silence ne peut que vous nuire.

FANNY. Et lui aussi... qui veut que je parle... qui, si je me tais, va me mépriser... et ce jeune homme qu'on finira par trouver... que faire?...

SCÈNE VIII.

LES MÊMES, LÉONIE. [**]

LÉONIE, *entrant.* Fanny avec ma mère!

FANNY, *bas à Léonie.* Ils savent tout. (*Mouvement d'effroi de Léonie.*) Mais sois tranquille, je n'ai pas prononcé ton nom.

LÉONIE, *vivement de même.* Tu as bien fait... j'arrangerai cela plus tard.

FANNY. Plus tard!..... oh! tout de suite, à l'instant.

MADAME DE PRANGEY. Que venez-vous faire ici, Léonie? retirez-vous... vous intercéderiez en vain pour votre cousine..... vous n'obtiendriez pas son pardon.

FANNY. Mon pardon... mon pardon... est-ce un pardon que je demande?.. est-ce que j'en ai besoin?

SCÈNE IX.

LES MÊMES, DESORMES. [***]

DESORMES, *qui a entendu les derniers mots de Fanny.* Oui, mademoiselle, vous en avez besoin.

FANNY. Mon oncle!...

---

[*] Fanny, Raymond, Mme de Prangey.
[**] Fanny, Léonie, Raymond, Mme de Prangey.
[***] Fanny, Léonie, Raymond, Desormes, Mme de Prangey.

DESORMES. Silence!... (A Mme de Prangey.) Ma sœur, vous ne savez pas tout encore! un jeune homme s'est introduit ici, hier soir... et d'après les renseignemens que je viens de prendre auprès de toutes les personnes de la maison, il est impossible qu'il en soit sorti.

(Sensation générale.)

FANNY. Ciel!
LÉONIE, *bas à Fanny*. Comment?
FANNY, *bas*. Ah! mon Dieu, oui.
MADAME DE PRANGEY. Encore ici!.... mais c'est affreux... c'est épouvantable.
DESORMES. Quant à moi, je sais ce que j'ai à faire, et certes...
RAYMOND, *qui est passé à la droite de Fanny*. Serait-il vrai, mademoiselle?
FANNY, *avec le dernier trouble*. C'est ce que je voulais vous avouer.
RAYMOND, *à part, avec un soupir*. Tout est fini. (*A Fanny bas*.) Mademoiselle, votre confiance en moi ne sera point trahie... soyez sans crainte... M. Ernest se conduira en homme d'honneur, je vous en donne ma parole.
DESORMES. Je l'espère... autrement... (*Passant auprès de Fanny*.) Ah! Fanny! comme vous m'avez trompé!.. vous en serez punie la première... mais il faut d'abord trouver celui qui porte le trouble dans cette maison; et je vais...

SCENE X.

LES MÊMES, ERNEST, *qui paraît tout-à-coup*.

ERNEST. Permettez-moi, monsieur, de vous en éviter la peine.
TOUS. Dans la chambre de Fanny!
LÉONIE. Quelle imprudence!
FANNY. Je voudrais être morte.
ERNEST, *s'avançant en saluant, et en passant la main dans ses cheveux**. Mesdames, ne vous effrayez pas, je vous en prie.
RAYMOND, *s'approchant vivement d'Ernest*. Songez, monsieur.
ERNEST, *l'écartant de la main*. Ce n'est pas à vous que j'ai affaire en ce moment... (*A Fanny*.) Pardon, mademoiselle, mon apparition vous contrarie peut-être, à cause de... (*il montre la chambre d'où il sort*) mais l'on vous accusait, et j'ai dû...
FANNY, *à part*. Joli moyen de me disculper.
DESORMES, *s'avançant vers lui en colère*. Monsieur...
ERNEST, *l'interrompant*. C'est juste, vous

* Raymond, Fanny, Ernest, Desormes, Mme de Prangey, Léonie.

ne me connaissez pas... un seul mot va rendre à ma visite toute la convenance possible (*en riant*) dans les circonstances. (*Avec fatuité*.) Ernest de Chatenoy... trente mille livres de rente... c'est-à-dire vingt-neuf, à cause d'un pari de vingt mille francs perdu l'autre jour... ce qui a décomplété la trentaine... de la jeunesse, des espérances dans l'avenir, dans le passé des ancêtres, et le désir d'avoir des descendans: (*continuant une foule de petits saluts*) voilà ce que je suis, et ce qui m'a rendu assez hardi pour venir vous adresser... une demande en mariage.
DESORMES. Une demande en mariage?.. ah!... (*A part*.) Un fat!
ERNEST. Précisément, monsieur.
FANNY, *à Ernest*. Si c'est pour cela que vous vous êtes montré, à la bonne heure... Ah! que je suis contente! (*A Mme de Prangey*.) Vous voyez bien, ma tante.
MADAME DE PRANGEY, *à Fanny*. Vous avez raison, de vous réjouir mademoiselle; car certes....
DESORMES, *à Ernest*. Ainsi, monsieur, c'est la main de ma nièce...
ERNEST. Que je serais heureux d'obtenir... (*A Raymond*.) Ce qui ne m'empêchera pas, monsieur, de vous offrir toutes les satisfactions imaginables.
RAYMOND, *avec un soupir*. Celle-là me suffit, monsieur.
ERNEST. Fort bien... alors, touchez là, monsieur.
MADAME DE PRANGEY. Suivez-moi, Léonie.
ERNEST. Comment, madame, vous emmenez mademoiselle?... ne me permettez-vous pas auparavant...
MADAME DE PRANGEY. C'est à mon frère, monsieur, qu'il faut vous adresser?
LÉONIE, *suivant sa mère*. Ah! mon Dieu! que va-t-on penser de moi, lorsque tout va s'éclaircir.

(Mme de Prangey et Léonie sortent, Desormes les accompagne jusqu'à la porte.)

ERNEST. Eh bien! elles s'en vont!.. ah! je comprends... les convenances... elles exigeraient certainement aussi que quelqu'un voulût bien me servir d'interprète en ce moment, mais... (*Se retournant vers Raymond*.) Eh! parbleu, monsieur Raymond, vous devez voir l'embarras où je me trouve.... serait-ce abuser de votre complaisance que de vous prier...
RAYMOND. Moi, monsieur?
ERNEST. Vous êtes trop aimable pour me refuser.
RAYMOND, *à lui-même*. Ah! monsieur

Ernest, vous êtes bien le plus heureux mauvais sujet de toute l'armée.

ERNEST. De l'armée... moi, monsieur ? Vous me faites trop d'honneur. (*A part.*) Pas seulement de la garde nationale.

SCÈNE XI.

FANNY, RAYMOND, ERNEST, DESORMES.

FANNY. Ah çà ! mais si ma tante et ma cousine s'en vont... que je suis étourdie... il faut que je m'en aille aussi.

DESORMES. Restez, mademoiselle.

FANNY. Que je reste... pourquoi donc ? (*A part.*) On n'a pourtant pas besoin de mon consentement pour marier Léonie.

(Elle passe à gauche.)

ERNEST, *à Raymond.* Monsieur, c'est à vous de... Vous êtes mon père en ce moment.

RAYMOND, *à lui-même.* Allons, puisque c'est là le bonheur qu'elle a choisi. (*Passant auprès de Desormes.* *) Monsieur Desormes.

DESORMES, *l'arrêtant au moment où il va parler.* C'est assez... maintenant que ma sœur n'est plus ici, les cérémonies sont superflues. (*A Ernest.*) Je connais votre nom, monsieur, il est honorable infiniment plus que votre conduite... D'ailleurs la manière dont vous vous êtes introduit dans cette maison, et celle dont vous vous y présentez, rendent parfaitement inutiles toutes les informations. Je vous accorde donc, avec beaucoup de regret, très malgré moi, parce que je ne puis m'en dispenser, la main de mademoiselle Fanny Beauclair que voici.

FANNY. Ma main à monsieur !... Mais mon oncle...

DESORMES. Paix, mademoiselle.

ERNEST. Certainement, monsieur, je regarderais comme un bonheur inimaginable l'offre que vous me faites en ce moment... mais il y a deux petites difficultés... La première, c'est que mademoiselle n'y consentirait pas.

DESORMES. Comment ! n'y consentirait pas !

FANNY. Mais non certainement, mon oncle.

* Ernest, Raymond, Desormes Fanny.

RAYMOND, *à part.* Qu'entends-je ?

DESORMES. Ceci est un peu fort.

FANNY. C'est tout simple au contraire... Est-ce qu'on épouse les gens qu'on n'aime pas, et qui ne vous demandent pas ?

ERNEST. Ceci est parfaitement juste.

DESORMES. Qu'est-ce à dire ?

ERNEST. Voici... vous faites erreur en ce moment, monsieur... erreur de personne... Il s'agit de mademoiselle Léonie.

DESORMES. Léonie.

RAYMOND, *à lui-même.* Léonie !

ERNEST. * Oui, monsieur, de la charmante Léonie... Ce modèle des grâces les plus accomplies.... Certes, mademoiselle Fanny...

FANNY, *l'interrompant.* Oh ! mademoiselle Fanny trouve tout naturel qu'on lui préfère sa cousine.

ERNEST. Trop modeste, véritablement... Expliquer ainsi ma pensée, c'est lui prêter une impertinence dont elle est à mille lieues.

DESORMES. Ah çà ! monsieur, auriez-vous l'intention de joindre l'ironie à l'outrage ?

ERNEST, *de bonne foi.* Incapable, monsieur, parole d'honneur... Surtout lorsqu'il s'agit de l'accomplissement d'un devoir... Je vous réitère la demande de la main de mademoiselle Léonie de Prangey.

FANNY. Comprenez-vous maintenant, mon oncle ?

DESORMES. Non, mademoiselle, je ne comprends pas comment on sort de la chambre d'une jeune fille pour en demander une autre en mariage.

ERNEST. Ah ! oui... je conçois... ceci peut sembler bizarre au premier coup d'œil... La vérité, monsieur, c'est que je ne dois à mademoiselle Fanny qu'une vive reconnaissance, parce qu'elle m'a sauvé la vie... mais que c'est à mademoiselle Léonie que je dois mon amour ; car Léonie seule m'a donné quelques droits sur son cœur.

DESORMES. Des droits... des droits !.. Vous n'oseriez pas avancer une pareille chose sans en offrir la preuve, monsieur.

ERNEST. Trop galant homme pour cela... mademoiselle Léonie elle-même confirmera... mais c'est un léger embarras que

* Raymond, Ernest, Desormes, Fanny.

je vais lui éviter. Ces lettres que j'ai toujours sur moi. (*Il les présente.*) Aux termes où nous en sommes, il n'y a pas d'indiscrétion?... Un oncle... et un mari bientôt.

DESORMES. Que vois-je! (*A Ernest.*) Est-ce là votre preuve, monsieur?

ERNEST. Mais je ne pense pas qu'il puisse y en avoir de plus claire.

DESORMES, *montrant la lettre à Fanny.* Connaissez-vous cette écriture?

FANNY, *stupéfaite.* Mais oui, c'est la mienne.

ERNEST. La vôtre!.. voilà qui est original, par exemple.

RAYMOND. Vous avez donc écrit pour une autre?

FANNY. Il le fallait bien... monsieur attendait une réponse. On avait la main blessée... on s'est servi de la mienne... J'ai eu tort, je le vois; mais un mot de Léonie va tout réparer.

DESORMES. Il faut sortir sur-le-champ de cette incertitude. (*S'approchant de la chambre de madame de Prangey.*) Ma sœur.. Léonie.

FANNY, *à part.* Oh! je puis être tranquille, maintenant.

SCÈNE XII.

RAYMOND, ERNEST, DESORMES, MADAME DE PRANGEY, LÉONIE, FANNY.

DESORMES, *à Léonie.* Léonie, approchez... Voici des lettres que monsieur a reçues... Est-ce vous qui les avez dictées?

LÉONIE, *à part.* Oh! mon Dieu!

MADAME DE PRANGEY. Ecrire à un jeune homme... ma Léonie... après l'éducation que je lui ai donnée.

ERNEST. Pardon, madame... (*A Léonie.*) Serait-il vrai, mademoiselle, que les espérances que m'avaient fait concevoir ces lettres m'eussent été données sans votre aveu?

LÉONIE, *à part.* Que répondre?..(*Haut.*) Monsieur, si vous avez en effet (ce que je dois ignorer) quelque penchant pour moi... et que vous me fassiez l'honneur de demander ma main à mes parens.... je suivrai leurs ordres... Mais vous n'attendez pas, je l'espère, qu'une demoiselle qui se respecte reconnaisse qu'elle est capable d'écrire des lettres qui pourraient compromettre sa réputation.

FANNY, *à part.* Oh! mais alors... on va croire.

MADAME DE PRANGEY, *à Ernest.* Vous entendez, monsieur.

ERNEST. Parfaitement... Ah ça! pourtant, je voudrais bien savoir à qui j'ai le bonheur de plaire.

DESORMES. Monsieur, je me lasse.

ERNEST. Entendons-nous un peu, je vous prie... J'ai des torts... j'offre en galant homme de les réparer... jusque-là rien de plus clair... Mais à qui dois-je la réparation?.. Ici nous ne sommes plus d'accord... J'ai cru remplir un devoir en demandant la main de mademoiselle Léonie.

LÉONIE, *à part.* Ah! mon Dieu! ma mère, mon oncle qui vont savoir.... Je n'ai que ce moyen.

(Elle se laisse aller sur le canapé.)

MADAME DE PRANGEY, *courant à elle.* O ciel! ma fille qui se trouve mal.

AIR : *Il ne peut s'en défendre.* (Premier acte des Trois Maîtresses.

ENSEMBLE.

Mme DE PRANGEY.

Quel coup pour une mère!
O mon enfant chéri,
Pourquoi donc ce mystère
Te trouble-t-il ainsi?

DESORMES.

Quel coup pour une mère!
Il faut prendre un parti ;
Et pour moi ce mystère
N'est que trop éclairci.

FANNY.

Pourquoi donc ce mystère...
Que veut dire ceci?
Quand d'un mot à sa mère
Tout serait éclairci.

ERNEST.

Quel est donc ce mystère?
Mais bientôt éclairci,
Je saurai, je l'espère
Ce qui la trouble ainsi.

RAYMOND.

Quel est donc ce mystère...
Que veut dire ceci?
Ah! pour moi, je l'espère
Tout est presque éclairci.

Mme DE PRANGEY, *à Ernest.*

Pouvez-vous bien, monsieur?.. j'étouffe de fureur..
Pour sauver la coupable, oser... c'est une horreur !

ERNEST.

Mais, madame...

DESORMES.

Deux mots.. impunément, j'espère,
Vous n'aurez pas d'une famille entière
(*A Fanny.*)
Terni l'honneur... Vous de cette maison
Ce soir vous partirez.

FANNY.

Grand Dieu!

DESORMES.

Point de pardon.

Ce soir vous partirez.

FANNY.

Mon oncle!

DESORMES.

Laissez-moi !..

FANNY.

Oh! j'en perds la raison!

Parlant. Me renvoyer, me chasser!.....
et personne qui puisse savoir... qui veuille
croire... je suis perdue...
(Elle fait quelques pas vers le fond.)

RAYMOND, *l'arrêtant, et la ramenant.*
Perdue!... vous Fanny! oh! non, non....
vous avez un ami qui vous reste... qui ne
vous abandonnera pas... (*A Desormes.*)
Monsieur Desormes, je vous demande la
main de votre nièce, mademoiselle Fanny
Beauclair.

FANNY. Qu'entends-je!

LÉONIE, *se levant.* Est-il possible!

DESORMES. Sa main... vous, Raymond.

REPRISE DE L'ENSEMBLE.

Mme DE PRANGEY.

Il l'épouse, mon frère,
Que veut dire ceci?
Et quand donc ce mystère
Sera-t-il éclairci?

DESORMES.

Quel est donc ce mystère,
Que veut dire ceci?
Raymond que va-t-il faire,
Et qui se trompe ici?

FANNY.

Ah! je tremble et j'espère.
Il m'offre son appui,
Grand Dieu! que dois-je faire?
Être aimée, et par lui!

LÉONIE, *regardant Raymond.*

Grand Dieu! que dois-je faire?
Oui, je vois bien qu'ici
A ses yeux ce mystère
Est enfin éclairci.

ERNEST.

A la fin, ce mystère
Pour eux s'est éclairci;

* Ernest, Desormes, Raymond, Fanny, Mme de Prangey, Léonie.

Ils finiront j'espère,
Par me comprendre aussi.

RAYMOND.

Combien elle m'est chère!
Je le sens aujourd'hui,
Ah! pour la vie entière
Me voilà son appui.

SCÈNE XIII.

LES MÊMES, ANNETTE, *accourant, et à mi-voix à Mme de Prangey.*

ANNETTE. Madame, madame... (*Lui remettant un billet.*) Tenez, voilà qui prouvera si j'ai menti, ce matin.

ERNEST. Ah! ah! mon billet.

ANNETTE, *allant du côté d'Ernest.* Oui, monsieur... remis par votre domestique entre mes mains.

MADAME DE PRANGEY, *donnant le billet à Desormes.* Mon frère, lisez... lisez vous-même.

ERNEST. J'avais cru devoir prévenir de ma démarche la personne qu'elle intéresse.

LÉONIE, *tremblante.* Allons-nous-en, ma mère.

MADAME DE PRANGEY. Non, non..... il faut que monsieur Raymond sache qu'il offre sa main un peu légèrement.

RAYMOND. Monsieur Desormes... je vous renouvelle ma demande.

FANNY, *vivement.* Non, monsieur Raymond, non..... trop d'apparences m'accusent.

RAYMOND. Je ne dois pas y croire, mademoiselle; et je n'y crois pas... n'est-ce pas ce que vous m'avez demandé ce matin?

FANNY. Oh! attendez, attendez.

DESORMES, *qui a parcouru la lettre.* Qu'ai-je lu?
(Léonie passe auprès de Desormes.)

ERNEST, *à part.* Ah! enfin, voilà un des chers parens qui comprend... ce n'est pas malheureux.

MADAME DE PRANGEY. Eh bien! mon frère?

DESORMES. Pauvre Fanny!... moi, qui l'accusais...

LÉONIE. Ciel!

DESORMES, *à Léonie.* Il vous écrit : *ma Léonie.*

* Ernest, Desormes, Léonie, Raymond, Fanny, Mme de Prangey.

LÉONIE, *qui a jeté les yeux sur le billet.* Mon oncle, qu'allez-vous faire?

DESORMES. J'aurai pitié de vous... tenez, mademoiselle.
(Il lui rend le billet.)

LÉONIE, *vivement.* Ah! merci, mon oncle.
(Elle le déchire.)

MADAME DE PRANGEY. Eh bien! vous déchirez ce billet, Léonie, pourquoi donc?.. il faut qu'on sache.

LÉONIE, *revenant auprès de sa mère.* Il faut de l'indulgence, ma mère..... chacun en a besoin.

MADAME DE PRANGEY. Ce n'est pas toi; toujours, mon enfant..... toi, tu es parfaite..... va, tu peux t'en rapporter à ta mère... elle s'y connaît.

DESORMES. Raymond, vous voulez donc épouser Fanny?

RAYMOND. C'est mon plus cher désir.

DESORMES. Vous faites bien.

FANNY. Ah! monsieur Raymond..... mais non, mon oncle, non..... je refuse son offre généreuse... c'est par compassion qu'il voulait... il ne m'aime pas.

RAYMOND. Ne pas vous aimer, Fanny, quand on vous connaît aussi bien que moi; et pourtant, il ne m'est pas permis de croire que vous puissiez partager mon amour.

FANNY. Et qui vous l'a dit?

RAYMOND. Eh! mais ces dessins.... où, dit-on, vous reproduisez sans cesse les traits d'une personne...

FANNY. Quoi! vous me croyiez légère, étourdie à ce point..... et vous consentiez?....

RAYMOND. Oui, mademoiselle, parce que je vous estime... et que je me fie à la reconnaissance d'un bon cœur.

FANNY, *comme hors d'elle-même.* Ah! vous êtes... oui, vous êtes digne de la réponse que je vais vous faire.* (*Elle prend son album des mains d'Annette qui était allée le chercher, et le donnant à Raymond.*) Voici... il faut me pardonner encore.

RAYMOND. Quoi donc, mademoiselle?

FANNY, *ouvrant l'album.* Mais, d'avoir dessiné..... bien souvent, un militaire..... oh! toujours le même..... et cela, depuis deux ans... le voilà.

* Ernest, Desormes, Fanny, Raymond, Léonie, Mme de Prangey.

RAYMOND. Que vois-je! mon portrait!

TOUS. Son portrait!

ANNETTE. Ma foi, oui...

RAYMOND. Mon portrait!

FANNY. Oui, le portrait du plus généreux des hommes... de celui que, depuis deux ans, j'aime sans le dire... et que je sens que j'aimerai toujours... (*Elle se jette dans ses bras, et s'écrie en se retirant vivement :*) Ah! mon Dieu! je crois que je viens de faire encore une inconséquence.

DESORMES. Pour celle-là, il te la pardonne.

FANNY. Oh! parce qu'elle est pour lui... mais ce sera la dernière.

DESORMES. La leçon a été assez bonne pour cela.

FANNY. Oh! oui, soyez tranquille.

RAYMOND, *tendant la main à Fanny.* Bien tranquille... bien heureux!

ERNEST, *qui est passé à la gauche de Raymond et qui se trouve entre lui et Léonie.** Monsieur Raymond... c'est très-bien ce que vous avez fait là... parole d'honneur, j'en suis touché... jusqu'aux larmes! moi aussi, je ne demandais pas mieux que d'être admirable; mais je n'ai pas produit d'effet... c'est dommage... recevez mon compliment..... vous épousez une femme qui vous aime..... c'est un grand bonheur!

LÉONIE, *bas à Ernest, et rapidement.* Ce bonheur-là, il est à vous, si vous le voulez.

ERNEST. Si je le veux..... il y a plus de dix minutes que...

LÉONIE. C'est bien..... demandez-moi, je consens... à ma mère, en particulier.

ERNEST, *à lui-même.* Pourquoi donc en particulier?

DESORMES, *vivement à Fanny.* Embrasse-moi, toi, ma nièce.

FANNY. Vous me pardonnez?

DESORMES. Non, je te demande pardon.

ERNEST, *à part.* Ah! j'y suis... un sentiment exalté, des convenances... la femme de César ne doit pas même être soupçonnée... c'est très-flatteur... j'épouse.

* Desormes, Fanny, Raymond, Ernest, Léonie, Mme de Prangey.

CHŒUR.

Air: *O destin prospère.* (Dernier chœur d'Estelle.)

O moment prospère !
O jour trop heureux !
Où chacun espère
L'objet de ses vœux.

FANNY, *au public.*

Air : *Vaudeville de la Somnambule.*

Ah ! quel plaisir ! bientôt je me marie,
Messieurs, d'abord je vous prie à mon bal...
(*S'arrêtant court.*)
Mais qu'est-ce donc ?... Allons, je le parie,
J'ai dit encore quelque chose de mal.
Las ! dans un jour change-t-on la nature ?
Elle revient à toute occasion...
Prenez du tems, messieurs, et j'en suis sûre,
Vous finirez mon éducation.

FIN.

www.ingramcontent.com/pod-product-compliance
Lightning Source LLC
Chambersburg PA
CBHW070458080426
42451CB00025B/2786